智能仓储规划

北京京东乾石科技有限公司　组编
章根云　高树城　主　编
效文颖　李国强　副主编

清华大学出版社
北京

内 容 简 介

本书以智能仓储规划为主线,以4个典型项目10个任务为载体,详细介绍了仓储规划需求分析、仓储流程规划、仓内规划和仓储设备规划。每个项目中有若干任务,每个任务都包含任务描述、必备知识、实施方法、任务实施、任务总结五大模块,以图、表为主,文字为辅,内容全面且实用性强,突出可操作性,不仅为智能仓储规划人员提供了实用的工作思路和模板,还为其开展工作提供了重要的参考资料。

本书内容丰富,注重理论与实践相结合,既可作高职及应用型本科院校物流类相关专业的教材,也可作为物流从业人员的培训教材。

本书封面贴有清华大学出版社防伪标签,无标签者不得销售。
版权所有,侵权必究。举报: 010-62782989, beiqinquan@tup.tsinghua.edu.cn。

图书在版编目(CIP)数据

智能仓储规划 / 北京京东乾石科技有限公司组编;章根云,高树城主编. —北京:清华大学出版社, 2023.8

ISBN 978-7-302-64398-2

Ⅰ.①智… Ⅱ.①北… ②章… ③高… Ⅲ.①智能技术-应用-仓库管理-教材 Ⅳ.① F253.4-39

中国国家版本馆 CIP 数据核字 (2023) 第 144323 号

责任编辑:陈　莉
装帧设计:方加青
责任校对:马遥遥
责任印制:刘海龙

出版发行:清华大学出版社
　　　　网　　　址: http://www.tup.com.cn, http://www.wqbook.com
　　　　地　　　址: 北京清华大学学研大厦 A 座　　邮　　编: 100084
　　　　社 总 机: 010-83470000　　邮　　购: 010-62786544
　　　　投稿与读者服务: 010-62776969, c-service@tup.tsinghua.edu.cn
　　　　质 量 反 馈: 010-62772015, zhiliang@tup.tsinghua.edu.cn
印 装 者:三河市人民印务有限公司
经　　销:全国新华书店
开　　本:185mm×260mm　　印　张:13.25　　字　数:298 千字
版　　次:2023 年 9 月第 1 版　　印　次:2023 年 9 月第 1 次印刷
定　　价:56.80 元

产品编号:101540-01

编委会

组　编　北京京东乾石科技有限公司

主　编
章根云　北京京邦达贸易有限公司
高树城　北京京东远升科技有限公司

副主编
劲文颖　北京京东远升科技有限公司
李国强　北京京东远升科技有限公司

参　编
张强峰　四川职业技术学院
徐　圣　博尔塔拉职业技术学院
申慢慢　四川职业技术学院
冯彦乔　四川交通职业技术学院
何　勇　桂林航天工业学院
葛小西　郑州铁路职业技术学院
陈　颖　重庆市龙门浩职业中学校
张　润　重庆市龙门浩职业中学校
熊　华　重庆市龙门浩职业中学校
李德凯　青岛商务学校
张晓静　青岛市技师学院
王　艳　博尔塔拉职业技术学院
崔　蜜　湖北三峡职业技术学院

王亚楠	武汉交通职业学院
刘晓飞	武汉船舶职业技术学院
凡　维	武汉船舶职业技术学院
傅鈺雯	贵州交通职业技术学院
郭雯彦	贵州交通职业技术学院
凌光颖	宜宾职业技术学院
翁勤晴	宜宾职业技术学院
胡斯木·马湖	新疆农业职业技术学院
翟　玲	天津滨海职业学院
肖婉宜	江西工业贸易职业技术学院
林　颖	福建船政交通职业学院
宋亚粉	北京京东远升科技有限公司
王　姝	北京京东乾石科技有限公司
范广辉	北京京东乾石科技有限公司
范　超	北京京东乾石科技有限公司
张　慧	北京京东乾石科技有限公司
李国栋	北京京东远升科技有限公司

作者简介

章根云，京东物流首席规划师，南开大学经济与社会发展研究院物流工程专业硕士校外导师，中国物流与采购联合会物联网技术与应用专业委员会专家；从事供应链物流解决方案和实施落地工作 21 年，是中国物流自动化、供应链智能化早期成员之一；2017 年负责的京东无人仓项目为行业首创，被誉为电商物流行业标杆，就仓库无人化提出的"三极五自"纲领获得了业内认可，被行业广泛引入无人仓规划建设中。

高树城，本科和硕士研究生毕业于北京科技大学物流工程系；专注于仓储自动化规划流程领域十余年，长期致力仓储自动化的设计和交付工作；擅长从物流园区设计开始的整体自动化方案实现，组织并领导了多个大型物流中心的方案设计和交付，在电商、医药、图书、消费品等多个行业有丰富的自动化规划设计经验；曾任京东物流"亚洲一号"项目经理、京东物流科技方案负责人，从无到有建设京东物流科技对外的方案能力，实现了自研产品从对内使用向对外赋能输出转化和落地实现。

劢文颖，中国传媒大学硕士研究生毕业，具有多年职业教育产品设计与课程开发从业经验，以及跨多个行业领域的教育产品设计与开发经验；主编多本新兴行业领域专业创新教材，涉及呼叫中心、电子商务、新媒体、增材制造、工业机器人、供应链物流等多个领域；担任北京物资学院京东学院研究生校外导师。

李国强，在自动化物流领域工作十余年，先后参与建设京东"亚洲一号"项目及对外集成规划、项目管理等工作，能够根据业务场景合理利用物流设备提供综合解决方案，服务于物流供应链的全面升级。

前　言

物流是国家经济发展的重要基础，在互联网时代，物流正蓬勃发展，并不断实现新的突破与增长，已成为延伸产业链、提升价值链、保障供应链的重要支撑。随着物联网、人工智能、大数据等新技术的广泛应用，仓储作为现代物流体系的重要支撑，其形态也迎来了智能化升级浪潮，全面推动智能仓储进入加速发展阶段。

近年来，我国智能仓储行业市场规模逐年快速增长。随着市场需求的逐步扩大和技术的革新，未来我国智能仓储行业的市场规模将进一步增长。一方面，快速增长的电商业务需求使得仓储、物流行业引入智能技术来提高效率和服务质量；另一方面，科学技术的快速发展为智能仓储提供充足的技术动力，实现对仓储设备和系统的自动化管理及智能化处理，提高仓储物流效率和服务质量。未来，智能仓储技术与物流行业的深度融合，可以推动智慧物流的发展，实现物流行业的数字化、网络化和智能化，提高我国物流行业的整体竞争力。

在产业的数字化转型过程中，京东物流以科技为驱动实现供应链各环节的降本增效。目前，京东物流已在全国建成43座"亚洲一号"智能物流园区。"亚洲一号"是京东物流自建的亚洲范围内建筑规模最大、自动化程度最高的现代化智能物流项目之一，仓内有功能各异的智能设备，可以自动完成立体化存储、拣选、包装、输送、分拣等工作，有效降低了成本，效率也提升了数倍。"亚洲一号"中的智能物流设备具有智能化、人性化的统筹处理能力，在智能排产、包装耗材的智能推荐、拣货路径优化及人效提升等方面进行了大量创新，智能物流设备能够代替人工，统筹计算每个订单的生产和配送时间，对订单的处理进行组合优化，并利用人工智能进行产能计算，控制订单有序生产，同时为用户提供更精准的物流服务。

随着整个智能仓储行业的快速发展，智能仓储的普及衍生了大量从事专业智能仓储规划的人才需求。熟悉物流智能设备，了解仓内业务流程，能够进行智能仓储布局规划并基于仓内业务流量进行设备规模测算的专业人才需求越来越大。

编者团队在与诸多高职院校、应用型本科院校交流、合作的过程中发现，物流类专业课程的整体结构与产业实践还有一定的差距，很多产业细分领域的专业知识，在院校中仍然以较为宏观的理论为主，企业中落地应用的实践方法没有以系统化的方法论呈现，也缺乏企业实际的应用案例，对于应用型人才培养来说，这无疑是远远不够的。

自2017年来，京东物流将过去十余年积累的基础设施、管理经验、专业技术陆续向全社会开放，与合作伙伴一起搭建智慧供应链价值网络。在此过程中，京东物流作为一家有社会责任感的企业，深感智能仓储规划领域人才需求的迫切性，因此将多年沉淀的企业实践方法论和应用场景与各院校共享，希望对产业应用最佳实践进行提炼形成教学成果，赋能院校人才培养。这也是编者团队编写本书的初衷。

本书包含4个项目共10个任务：项目一主要介绍仓储规划需求分析，需求分析是整个仓储规划工作的起点；项目二主要介绍仓储流程规划；项目三主要介绍仓内规划，其中涉及智能仓储的规模测算等核心内容；项目四主要介绍仓储设备规划，包括智能设备的选型等内容。以上四部分内容基本按照仓储规划的工作逻辑来设计。全书内容既兼顾了企业真实业务的工作内容，也考虑到学生学习特点，其中每个任务都配套了企业实践案例，可以帮助学生更好地掌握相关的知识，培养学生的实际操作能力。本书中所有数据及案例均来自京东物流真实企业案例，编者做了教学转化。

本书相关的京东物流教育线上平台搭载了配套课程资源，部分抽象的内容以丰富的动画微课形式展现，并配套京东物流仓储规划方案专家的讲解，可以很好地帮助使用本书的教师和学生进行学习和课后的理解，也有助于自学者进行深入的理解。读者可填写本书后附的课程资源申请表申请相关资源。

感谢京东物流仓储规划解决方案团队的工程师对规划方案的教学转化设计工作，感谢清华大学出版社编辑团队的审阅，希望本书能够对物流数字化发展过程中的人才培养贡献微薄之力。限于编者的学识和经历，书中难免存在不足之处，敬请读者批评指正。

编者

2023年4月

目 录

项目一
仓储规划需求分析

  任务一 订单货品分类 ·· 2
  任务二 订单EIQ分析 ··· 14
  任务三 仓储能力分析 ··· 29

项目二
仓储流程规划

  任务一 仓内流程及动线规划 ·· 40
  任务二 仓内拣货路径规划 ·· 52

项目三
仓内规划

  任务一 仓内土建设施规划 ·· 74
  任务二 仓内布局规划 ·· 101

项目四
仓储设备规划

  任务一 存储设备选型与规划 ·· 136
  任务二 搬运及输送设备选型与规划 ·· 164
  任务三 分拣设备选型与规划 ·· 185

参考文献 ·· 201

项目一
仓储规划需求分析

■ 项目说明

在规划、设计物流仓储中心的过程中，首先应该进行企业物流需求的分析，如果是改建物流中心，则数据分析包括对当前各项数据的收集、整理及分析。在物流仓储规划中，难点在于确定分析的目的，如果仅将搜集到的资料做一番整理及统计计算处理，则最后只能得到一些无用的数据和报表，无法与规划的需求相结合，这样的数据分析无疑是失败的。因此，通过对有效数据的收集、分析进而指导规划方向，是物流仓储中心规划、设计的关键。物流仓储规划中的数据分析包括定量分析和定性分析。

定量分析包括物流仓储中心所存储货品的品类与数量的分析、订单分析、存储货品特性分析、物流需求变动的预测分析、储运单位与数量分析。

定性分析包括物流仓储中心的作业顺序分析、人力需求分析、作业流程分析、作业功能需求分析。

本项目以定量分析为主，将重点介绍 ABC 分类法、EIQ 分析法，以及几个关键的仓储指标，并以医药企业仓储中心的规划项目为例，介绍数据分析的主要方法和过程，帮助学习者掌握典型的数据分析方法。

■ 项目内容

任务一　订单货品分类

任务二　订单 EIQ 分析

任务三　仓储能力分析

任务一　订单货品分类

● **知识目标**

1. ABC 分类法的概念。
2. ABC 分类法的实施步骤。

● **技能目标**

1. 能够运用 ABC 分类法对订单进行分类。
2. 能够通过 ABC 分类掌握不同类别货品的存储规则。

一、任务描述

物流仓储中心的规划与建设是高投资的项目，在规划前，应对仓储的现有状况和未来的仓储运营需求进行全面的分析，通过不同层面和维度的分析，了解并诊断仓储运营中存在的问题，明确未来的产能需求，以便做合理的规划。

订单分析，就是收集行业或企业现有的订单数据，分析订单资料信息，包括商品种类、名称、数量、单位、订货日期、交货日期、交易方式、订单价值等。

ABC 分类法是在仓储规划需求分析初期通过对原始数据的出入库量进行整理、分析，对货品按照量级、重要程度等进行分类，进而决定存储区原则的一种基本的需求分析方法，在分析过程中，还需要结合储运单位进行综合判断，因此本任务除了介绍 ABC 分类法，还会涉及 PCB 分析法。本任务主要介绍这两类分析方法的基本概念、定义以及在实际工作中的实施步骤，并结合实际项目案例进行数据分析，帮助读者将相关理论应用到实际的案例中，掌握 ABC 分类法的应用。

在本任务中，会结合京东仓储规划真实项目案例进行仓储货品 ABC 分类的分析与实施过程解读。在任务实施部分，需要完成以下工作。

(1) 根据项目原始数据进行货品出库数据整理。
(2) 对该项目中的货品进行 ABC 分类。
(3) 对货品进行 ABC 分类，并给出每类货品的存储策略。

二、必备知识

基础资料的分析包括定量分析与定性分析两类。订单信息中实际上已经包含了商品种类、订单量、交货周期等信息,可以结合ABC分类法,进而得出需要出入库的商品的性质、SKU等信息。

1. ABC分类法

ABC分类法又称ABC分析法,是1879年由意大利经济学家、社会学家维弗雷多·帕累托首创,因此也称为帕累托分析法。1951年,管理学家戴克首先将ABC分类法用于库存管理。

ABC分类法实际上是基于对物品特性的分析而进行分类的方法。物流仓储中心库存物品种类繁多,少则几千种,多则上万种,甚至几十万种。每种物品的价值不同,库存数量也不等,有的物品品项数不多但价值很高,占用资金较多;而有的物品品项数很多但价值不高,占用资金较少。如果对所有库存物品均给予相同的重视程度,采用相同的管理方法,是不符合实际需求的。中华人民共和国国家标准《物流术语》(GB/T 18354—2021)中指出,ABC分类法是指将库存物品按照设定的分类标准和要求分为特别重要的库存(A类)、一般重要的库存(B类)和不重要的库存(C类)3个群组,然后从各群组中挑选具有代表性的品种,进行下一步骤的订单变动分析。若是物流仓储中心的物品可以成功地划分为A、B、C群组(可以是3~5个群组),则可以考虑依照品种群组将此物流仓储中心分割为数个区域(类似小型物流子中心),分别使用不同形态的设备和作业方式,以方便管理和避免彼此干扰。

ABC分类法的主要作用如下。

(1) 优化库存控制。物品类别确定后,可以根据类别制订不同的库存控制计划,减少不必要的库存储备,从而降低库存资金的占用量。

(2) 提高作业效率。对物料进行分类后,针对高频物料,可以优先考虑其作业效率,解决主要出入库物料的作业线路问题,提高物流作业的效率。

(3) 减少管理工作量。运用ABC分类法可以集中精力抓主要矛盾,避免"眉毛胡子一把抓"的混乱现象,使管理人员摆脱繁杂的事务性工作。

(4) 指导物流规划方向。可优化布局,提高多环节的作业效率,提高资源利用率。

2. PCB分析法

PCB分析法即储运单位分析法,也称货态分析,是指考察物流仓储中心各个主要作业环节的基本储运单位,在此基础上进行分析。仓储中心的储运单位包括托盘(P)、箱子

(C)和单品(B)。对于不同的储运单位，所配备的存储和搬运设备也不同。因此，在仓储规划项目中，分析和设计节点及其上下游物流过程的货态变换是必不可少的内容。

常见的储运模式主要有 P→P、C→C、P→C、C→B 和 B→B 5 种单储运模式，以及 P→(P、C)、C→(C、B) 和 P→(P、C、B)3 种复合储运模式。储运模式的选择取决于订单的订货单位和订货量。表 1-1 所示为从入库、存储到拣货的常见储运组合模式。

表 1-1　常见的储运组合模式

入库单位	存储单位	拣货单位
P	P	P
P	P、C	P、C
P	P、C、B	P、C、B
P、C	P、C	C
P、C	P、C、B	C、B
C、B	C、B	B

三、实施方法

在实际项目规划中，在仓储需求分析阶段，一般要根据业务需求并在现有数据的基础上进行分析。首先采用 ABC 分类法对仓储中心所有货品按照重要程度进行分级分类，然后对原始数据进行整理和分析，进一步确定货品的基本存储原则。

一般在实际的项目规划需求分析中，也会在初期采用 PCB 分析法进行储运单位的选择，在此基础上进行存储单位和拣货设备的选择。

1. ABC 分类法

1) 收集并整理资料

采用 ABC 分类法进行货品分类前，需要收集产品采购次数、物品单价、存储特性、客户订购次数、库存量、销售量和结存量等资料，在数据分析之前应将有关数量值的信息转化成相同单位来表示，如以托盘、箱为单位。

可按照各类物品的数量、相对百分比、累计数或累计百分数等进行排序，还可绘制统计图以协助了解各类物品的分布状况及所呈现结果的差异程度。

表 1-2 所示为库存物品数量与价值统计表，显示了 ABC 分类中一般涉及的统计指标，在传统生产制造类仓储中心，也可能会涉及平均资金占用额的统计，以便区分一些出库量不大但资金占用比例非常大的物品。在电商或零售类仓储中心，较多地通过出库量和订单次数来判断周转率。例如，京东的仓储分拣中心都是按照件型来分类的件型仓，

对于中小件，更多地根据出库量、订单次数，基于物品的流量活力来确定存储原则。

表1-2 库存物品数量与价值统计表

物品名称	累计品项数	累计品项百分数	物品单价	平均库存	平均资金占用额			分类结果
					金额	累计	累计百分数	

2) 划分 ABC 分类

观察表 1-2 的第 3 栏 "累计品项百分数" 和第 8 栏 "平均资金占用额 - 累计百分数"，将 "累计品项百分数" 为 5%～15%，而 "平均资金占用额 - 累计百分数" 为 60%～80% 的前几个物品，划分为 A 类；将 "累计品项百分数" 为 20%～30%，而 "平均资金占用额 - 累计百分数" 也为 20%～30% 的物品，划分为 B 类；其余物品划分为 C 类，C 类物品的 "累计品项百分数" 为 60%～80%，而 "平均资金占用额 - 累计百分数" 仅为 5%～15%。

在实际中，很多简单的项目基于 "二八法则" 确定某一百分比范围的订单、产品及客户，划分主要群组与次要群组，群组数目以 3～5 个较为适宜。

3) 对 A、B、C 三类物品分别采取不同的管理办法和采购、存储策略

(1) 通常来说，A 类物品在品种数量上仅占 15% 左右，是关键的少数，应对其进行重点管理。管理好 A 类物品，就能管理好 70% 左右的年消耗资金。对仓储管理来说，A 类物品的货位应尽量靠近仓库出口，尽可能缩短订货提前期，尽可能降低库存总量，减少仓储管理和资金占用成本，提高资金周转率。

(2) B 类物品属于中批量物品，应对其进行次重点管理，即常规管理。B 类物品库存期比 A 类物品长，应加强日常管理，先进先出，采用立体货架进行存储。对于 B 类物品，应采用定量订货方法，前置期时间可较长，进行盘点和检查的周期比 A 类物品长。

(3) C 类物品品种数较大，价值金额占比较小，不应对其投入过多管理资源，采购量可大一些，从而获得价格上的优惠。由于 C 类物品占用资金较少，可大量储备，同时简化库存管理，拉长盘点周期。

针对 A、B、C 不同类别的物品，持续进行货物周转率和出入库流程的优化。例如，针对 A 类物品设置快速通道。快速通道指针对特定的服务对象而设置的无障碍、流程简单、距离短、相对独立或专一性强的便捷通道，又称绿色通道。针对 A 类物品设置快速通道，有利于供应商的车辆第一时间到达卸货的位置，完成卸货和验收，减少 A 类物品出入库的时间。在没有 A 类物品的情况下，B 类物品可以使用快速通道。由于 C 类物品在出入库时并不紧急，所以尽量不占用快速通道。

货位分配优化管理，即将待入库物品放置到适宜的存货点，以降低入库作业成本，提高入库作业效率，最终提升仓储运营效益。不同的货位在仓库内周转的时间不同，根据货位分配优化的原则，对于周转率高的 A 类物品，安排在离出库点较近的货位，这类

周转率高的物品往往只需要暂时存放在库内,应当最大限度地减少在库内周转的时间。针对 B 类物品,安排出入库较方便的货位即可。由于 C 类物品周转量不大,有订单下达才考虑采购该类物品,尽量不占用库内货位。

针对 A、B、C 三类物品进行差异化库存管理,这种差异化管理操作简便,可在对库存物品进行合理控制的同时更便捷地周转库内的货物。电商企业采用此管理方法,会在货物库存控制方面有较大改善,可以提升库存管理水平,尽可能地避免库存积压与缺货现象的发生,使库存结构逐步趋于合理化,加快资金周转速度,创造更大的经济效益。

4) 结合其他分析法进行交叉分析

一般在实际的应用项目中,采用 ABC 分类法将物品划分群组后,还应结合 EIQ 分析法、EIQ-PCB 分析法选择各群组的代表性项目进行分析,将繁杂的分析工作简化。

其他的典型分析方法将在后续的课程中讲解。

2. PCB 分析法

1) PCB 分析的一般方法

采用 PCB 分析法对仓储物品进行货态分析时,经常结合 EIQ (entry、item、quantity,订单、品项、数量) 分析法进行交叉分析。通过对订单量及订单的包装规格、特性、储运单位等因素进行关联交叉分析,可以更好地对仓储设施进行规划布局。结合订单出货资料与物品包装储运单位的 EIQ-PCB 分析,即可将订单以 PCB 的单位加以分类,再对各类别分别进行分析,得出 P-EIQ 分析结果、C-EIQ 分析结果、B-EIQ 分析结果等。EIQ 分析法是仓储需求订单分析中应用非常普遍的一种方法,实际仓储需求分析中,经常采用多种分析方法从不同维度进行综合分析,如上面提到的 PCB 分析法与 EIQ 分析法结合使用。关于 EIQ 分析法,任务二将对其详细讲解。

一般来说,物品入库的货态单位最好能配合存储货态单位,仓储中心可以凭借采购量的优势要求供货商配合,必要时可写入合同条款,此种情况下,入库单位通常设定为最大的存储单位。但是,受各种复杂因素的影响,入库前的货态单位转换也时有发生。

一般企业的订单资料中同时注明了各类出货形态,有的订单中包括整箱与零散两种类型同时出货,有的订单中仅有整箱出货或仅有零星出货,整托出货的时候并不多见。为保证仓储区域得到适当规划,需要将订单资料依出货单位类型加以分割,并与入库单位、存储单位相结合,以正确计算各区域的实际需求。

基于模块化作业系统的发展,物流作业中商品的包装单位会因不同的需求而变化,采用 PCB 分析法不仅可使储运单位易于量化及转换,而且经由出库单位的确认,可进一步决定仓储搬运及拣货方式的设计,如图1-1所示。

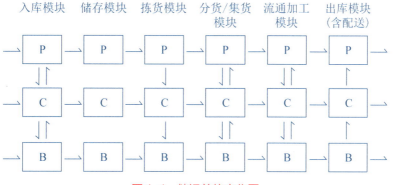

图1-1 储运单位变化图

如表1-3所示,将分析所得的各种拣货出库模式所适用的存储设备与拣货方式予以整理,设计时可作为参考依据。

表1-3 拣货出库模式所适用的存储设备与拣货方式

拣货出库模式	存储设备	拣货方式
P→P	自动化立体仓库、托盘流利式货架、托盘货架、就地堆垛	自动仓储设备、人工+叉车
P→P→C	自动化立体仓库、托盘流利式货架、托盘货架	自动化仓库、人工+叉车、输送机
P→C	自动化立体仓库、托盘流利式货架、托盘货架	自动化仓库、人工+叉车、输送机
C→C	自动化立体仓库、流利式货架、旋转货架	自动仓储/自动流利式货架、人工+输送机
C→B	流利式货架、搁板货架、旋转货架、电子拣货台车	旋转货架、电子拣货台车

2) 储运单位与物品特性分析

采用PCB分析法时,除了分析储运单位特性外,物品的其他特性资料也是物品分类的参考因素,如按照存储保管特性分为干货、冷冻品和冷藏品,按照产品质量分为重物、轻物,按照产品价值分为贵重物品、一般物品等。物品的特性不同,混装混存的要求也不同。物品特性与储运单位的分析要素如表1-4所示。

表1-4 物品特性与储运单位的分析要素

物料项目			物料内容
物品特性		1.物态	气体__液体__半液体__固体__
		2.气味性质	中性__散发气体__吸收气体__其他__
		3.存储保管特性	干货__冷冻__冷藏__
		4.温湿度需求特性	温度____℃；湿度____%
		5.内容物特性	坚硬__易碎__松软__其他__
		6.装填特性	规则__不规则__
		7.可压缩性	可__否__
		8.有无磁性	有__无__
		9.单品外观	方形__长条形__圆筒__不规则__其他__
储运单位	单品规格	1.质量	_____（单位：__）
		2.体积	_____（单位：__）
		3.尺寸	长__×宽__×高__（单位：__）
		4.物品基本单位	个__包__条__瓶__其他__
	基本包装单位规格	1.质量	_____（单位：__）
		2.体积	_____（单位：__）
		3.外部尺寸	长__×宽__×高__（单位：__）
		4.基本包装单位	箱__包__盒__捆__其他__
		5.包装单位个数	__（个/包装单位）
		6.包装材料	纸箱__捆包__金属容器__塑料容器__袋__其他__
	外包装单位规格	1.质量	_____（单位：__）
		2.体积	_____（单位：__）
		3.外部尺寸	长__×宽__×高__（单位：__）
		4.基本包装单位	托盘__箱__包__其他__
		5.包装单位个数	__（个/包装单位）
		6.包装材料	包膜__纸箱__金属容器__塑料容器__袋__其他__

四、任务实施

●任务背景

医药是物流仓储中心进行仓储规划的一个典型品类，医药品类繁多，某些药品对存储温度等都有相当严格的要求，因此药品的存储一般需要规划医药专仓。

作为仓储规划人员,你接到了一个医药企业仓储中心的规划项目。项目规划组需要对现有医药企业的仓储数据进行分析,首先根据整体的出入库情况对出入库数据进行分析。

当前任务目标如下。

(1) 对该医药企业仓储中心的药品库存统计数据进行分析。

(2) 对存储的药品进行分类。

(3) 依据分类对每个类别的药品给予存储建议。

●规划过程

1. 收集、整理资料

首先,对该医药企业仓储中心的出入库数据进行收集、整理,目前大部分仓储中心都在使用仓库管理系统(warehouse management system,WMS),可以直接从系统中导出原始库存数据,通过对原始库存数据的相关维度,如药品名称或出库数量等,进行排序来整理库存数据。此处选取该医药企业仓储中心2020年8—10月三个月的出库数据进行分析。

图1-2所示为系统导出的原始数据。可以看出,在导出的原始数据中,包含两列"数量"和"单位",一列是商品本身的数量和基本单位,另一列是仓储中心出库的数量和储运单位(件)。后续步骤要对原始数据的相同品类进行汇总,汇总后按照商品品类出库数量进行倒序排列,并在Excel表中自动计算单一品类占整个出库量的比例以及逐项累计的比例求和,得出该医药企业仓储中心药品出库数据分析(2020年8—10月),如表1-5所示,计算过程此处省略。

货号	商品通用名	规格	生产单位	数量	单位	数量	单位	零售价	批号	单号
010007	苯磺酸氨氯地平片(安内真)	5mg*14t	苏州东瑞制药有限公司	20	盒	0.067	件	30	160213802	1370576357
010007	苯磺酸氨氯地平片(安内真)	5mg*14t	苏州东瑞制药有限公司	20	盒	0.067	件	30	160313807	13710335072
010009	阿奇霉素片(希舒美)	0.25g*4t(薄膜衣)	辉瑞制药有限公司	5	盒	0.017	件	49	R06215	135055990
010009	阿奇霉素片(希舒美)	0.25g*4t(薄膜衣)	辉瑞制药有限公司	5	盒	0.017	件	49	M90551	1370579430
010009	阿奇霉素片(希舒美)	0.25g*4t(薄膜衣)	辉瑞制药有限公司	10	盒	0.033	件	49	M90551	13710296338
010009	阿奇霉素片(希舒美)	0.25g*4t(薄膜衣)	辉瑞制药有限公司	5	盒	0.017	件	49	M90551	13710299634
010009	阿奇霉素片(希舒美)	0.25g*4t(薄膜衣)	辉瑞制药有限公司	3	盒	0.010	件	49	M90551	13710303300
010009	阿奇霉素片(希舒美)	0.25g*4t(薄膜衣)	辉瑞制药有限公司	5	盒	0.017	件	49	M90551	13710304354
010009	阿奇霉素片(希舒美)	0.25g*4t(薄膜衣)	辉瑞制药有限公司	10	盒	0.033	件	49	M90551	13710305134
010009	阿奇霉素片(希舒美)	0.25g*4t(薄膜衣)	辉瑞制药有限公司	1	盒	0.003	件	49	M90551	13710306652
010009	阿奇霉素片(希舒美)	0.25g*4t(薄膜衣)	辉瑞制药有限公司	2	盒	0.007	件	49	N07185	13710306653
010009	阿奇霉素片(希舒美)	0.25g*4t(薄膜衣)	辉瑞制药有限公司	10	盒	0.033	件	49	N07185	13710309577
010009	阿奇霉素片(希舒美)	0.25g*4t(薄膜衣)	辉瑞制药有限公司	18	盒	0.060	件	49	N07185	13710310305

图1-2 医药企业仓储中心药品出库原始数据示例(部分)

表1-5 某医药企业仓储中心药品出库数据分析（2020年8—10月）

序号	货号	商品名称	数量/件	比例	累计比例求和
1	5610	甘油	45.53	2.72%	2.72%
2	814	阿咖酚散(头痛粉)	30.32	1.77%	4.49%
3	13979	复方鲜竹沥液(无糖型)	21.85	1.28%	5.77%
4	020742	安宫牛黄丸(铁盒金衣)	21.44	1.25%	7.02%
5	020541	金嗓子喉片	20.84	1.22%	8.24%
6	020750	消银片	18.40	1.08%	9.31%
7	5220	苯扎氯铵贴(创可贴)	15.85	0.93%	10.24%
8	5159	红霉素眼膏(0.5%)	15.60	0.91%	11.15%
9	010499	▲前列倍喜胶囊	15.40	0.90%	12.05%
10	6040	开塞露(含甘油)	13.84	0.81%	12.86%
……					
557	5103	复方硫酸软骨素滴眼液(乐敦莹)	0.75	0.04%	79.87%
558	649	盐酸洛哌丁胺胶囊(易蒙停胶囊)	0.75	0.04%	79.91%
559	140106	一扫光药膏	0.74	0.04%	79.96%
560	1525	甲磺酸倍他司汀片(敏使朗)	0.74	0.04%	80.00%
561	021247	通便灵胶囊	0.74	0.04%	80.04%
562	020413	鼻炎康片	0.73	0.04%	80.09%
563	6171	苯扎氯铵贴(防水型)	0.73	0.04%	80.13%
564	020260	摩罗丹	0.73	0.04%	80.17%
565	10901	护肝片	0.73	0.04%	80.21%
566	2993	复方甘草口服溶液	0.73	0.04%	80.26%
……					
1374	1775	单硝酸异山梨酯缓释胶囊(长效异乐定)	0.15	0.01%	97.97%
1375	4354	枸橼酸氢钾钠颗粒(友来特)	0.15	0.01%	97.98%
1376	021158	清咽利膈丸	0.15	0.01%	97.99%
1377	4125	葡萄糖酸钙锌口服溶液	0.15	0.01%	98.00%
1378	542	氟康唑胶囊(大扶康)	0.15	0.01%	98.01%
1379	10555	耳聋左慈丸(30-33-2)	0.14	0.01%	98.02%
1380	1994	胰激肽原酶肠溶片(怡开)	0.14	0.01%	98.02%
1381	3911	卵磷脂络合碘片(沃丽汀)	0.14	0.01%	98.03%
1382	4522	双歧杆菌乳杆菌三联活菌片(金双歧)	0.14	0.01%	98.04%
……					
1858	13768	六神胶囊	0	0	100.00%

续表

序号	货号	商品名称	数量/件	比例	累计比例求和
1859	13932	阿胶	0	0	100.00%
1860	15107	新肤螨灵软膏	0	0	100.00%
1861	3375	盐酸多奈哌齐片(安理申)	0	0	100.00%

表1-5中，2020年8—10月该医药企业仓储中心进行药品出库数据分析时，以出库数据为维度，按照出库数量由多到少排序进行整理，以整托(P)为出库单位进行了比例计算及累计比例求和计算。以上可以作为对库存物品进行ABC分类过程的第一步，即数据整理。

2. 进行ABC分类

对表1-5所示出库数据及累计比例求和数据进行汇总分析，对药品进行ABC类别标记，如表1-6所示。所有药品品项是1 861托，560项及以上所有出库药品累计出库量的比例达到了80%。在本仓储中心药品出库数据的分析中，将累计出库比例达到80%的药品归为A类，A类药品出库占比较大。561～1377项药品累计出库比例达到98%，出库比例为18%，标记为B类药品。剩余的药品标记为C类。此案例比较简单化地以"二八法则"来分类，在实际项目运营中，可以将80%的比例作为参考值并结合实际需求来综合判断划分A、B、C类。

表1-6　某医药企业仓储中心药品ABC类别划分(2020年8—10月)

序号	货号	商品名称	数量/件	比例	累计比例求和	ABC类别
1	5610	甘油	45.53	2.72%	2.72%	A
2	814	阿咖酚散(头痛粉)	30.32	1.77%	4.49%	A
3	13979	复方鲜竹沥液(无糖型)	21.85	1.28%	5.77%	A
4	020742	安宫牛黄丸(铁盒金衣)	21.44	1.25%	7.02%	A
5	020541	金嗓子喉片	20.84	1.22%	8.24%	A
6	020750	消银片	18.40	1.08%	9.31%	A
7	5220	苯扎氯铵贴(创可贴)	15.85	0.93%	10.24%	A
8	5159	红霉素眼膏(0.5%)	15.60	0.91%	11.15%	A
9	010499	▲前列倍喜胶囊	15.40	0.90%	12.05%	A
10	6040	开塞露(含甘油)	13.84	0.81%	12.86%	A
……						
557	5103	复方硫酸软骨素滴眼液(乐敦莹)	0.75	0.04%	79.87%	A
558	649	盐酸洛哌丁胺胶囊(易蒙停胶囊)	0.75	0.04%	79.91%	A

续表

序号	货号	商品名称	数量/件	比例	累计比例求和	ABC 类别
559	140106	一扫光药膏	0.74	0.04%	79.96%	A
560	1525	甲磺酸倍他司汀片(敏使朗)	0.74	0.04%	80.00%	A
561	021247	通便灵胶囊	0.74	0.04%	80.04%	B
562	020413	鼻炎康片	0.73	0.04%	80.09%	B
563	6171	苯扎氯铵贴(防水型)	0.73	0.04%	80.13%	B
564	020260	摩罗丹	0.73	0.04%	80.17%	B
565	10901	护肝片	0.73	0.04%	80.21%	B
566	2993	复方甘草口服溶液	0.73	0.04%	80.26%	B
……						
1374	1775	单硝酸异山梨酯缓释胶囊(长效异乐定)	0.15	0.01%	97.97%	B
1375	4354	枸橼酸氢钾钠颗粒(友来特)	0.15	0.01%	97.98%	B
1376	021158	清咽利膈丸	0.15	0.01%	97.99%	B
1377	4125	葡萄糖酸钙锌口服溶液	0.15	0.01%	98.00%	B
1378	542	氟康唑胶囊(大扶康)	0.15	0.01%	98.01%	C
1379	10555	耳聋左慈丸(30-33-2)	0.14	0.01%	98.02%	C
1380	1994	胰激肽原酶肠溶片(怡开)	0.14	0.01%	98.02%	C
1381	3911	卵磷脂络合碘片(沃丽汀)	0.14	0.01%	98.03%	C
1382	4522	双歧杆菌乳杆菌三联活菌片(金双歧)	0.14	0.01%	98.04%	C
……						
1858	13768	六神胶囊	0	0	100.00%	C
1859	13932	阿胶	0	0	100.00%	C
1860	15107	新肤螨灵软膏	0	0	100.00%	C
1861	3375	盐酸多奈哌齐片(安理申)	0	0	100.00%	C

对整理后的品项出库量进行 A、B、C 类别标记后，对三类药品的订单出库数量(IQ)进行汇总与整理，得出每一类药品的出库数量、出库占比、品项数、品项占比、单个品项出库件数，如表 1-7 所示。

表 1-7 药品出库分类汇总表

ABC 类别	出库数量/件	出库占比	品项数	品项占比	单个品项出库件数/件
A	1 369.053	80.0%	560	30.09%	2.44
B	308.022	18.0%	817	43.90%	0.38
C	34.2515	2.0%	484	26.01%	0.07
合计	1 711.327	100.0%	1 861	100.00%	0.92

由表 1-7 可以看出，A 类药品出库量最大，按照"二八法则"，占整体出库量的 80% 左右，出库件数也最多；B 类药品占 18%；C 类药品出库量非常少，只占整体出库量的 2%，可以将其认定为订单非常少，较为少用的药品。

实际上，表 1-7 所示的分类汇总数据已经结合了 EIQ 分析法，主要统计了 IQ（即品项数量）的各指标，除了 IQ，一般还会考虑 IK（即出库次数）的各指标，属于 EIQ-ABC 交叉分析。

按照订单出库次数进行 ABC 分类，表 1-8 所示为出库次数 ABC 分类表。可以看出，出库次数占比累计 80% 的药品划分为 A 类，涉及 791 个品项，占整个库存品项比例的 42.5%。B 类虽然品项数量与 A 类相差不大，但是出库次数为 6 713 次，与 A 类相比大幅减少，出库次数占比只有 18%。C 类出库次数只有 748 次，品项占比 20.26%，可以将其认定为非常用药物。

基于两种不同的维度统计出的分类所涉及的商品品项不一定完全重合，在实际的仓储规划项目中，会根据客户需求来综合判断，比如对在两个维度中类别一致的品项进行重点管理，其余品项根据实际需求来进行决策。

关于 EIQ 分析法，后续任务中将单独说明，此处我们只描述与 ABC 分类相关的应用。

表 1-8　出库次数 ABC 分类表

ABC 类别	出库次数	出库次数占比	品项数量	品项占比	单个品项出库件数/件
A	29 761	80%	791	42.5%	37.62
B	6 713	18%	693	37.24%	9.69
C	748	2%	377	20.26%	1.98
合计	37 222	100%	1 861	100%	20.00

3. 确定存储策略

根据 ABC 分类可以大致判定，A 类物品要存储在离出库口较近且易于拣取的位置；B 类物品可以存储在货架中间的位置；C 类物品可以存储在离出库口较远且可放在货架上方的位置。药品属于特殊物品，对存放的温度等会有个性化要求，实际中，医药仓储规划的复杂程度相对较高，不仅要考虑库区及设备规划，还要考虑药品对仓库温度的要求，有可能同属 A 类的药品，由于对仓储温度要求的不同，会被存放在不同温度的仓储区域。此部分内容不再单独考虑药品对仓储温度的特殊要求，只说明 ABC 分类法的应用。

五、任务总结

本任务主要介绍仓储需求分析阶段 ABC 分类法的应用，在实际的仓储项目规划中，规划人员往往需要采用多种方法进行综合判断,并结合客户的实际需求和货物形态来进行综合分析。

ABC 分类法作为分析和判断货品大类,以及判断仓储中心物品的重要程度的方法,不仅能够作为物品储区规划、出库方式规划的基本依据,也可以应用在实际的仓储物品管理中,对重点物品进行重点管理。

采用 ABC 分类法和 PCB 分析法,可以在初期进行物品分类及出货形态的分析,通过分析可以确定大致的存储策略,再结合任务二讲解的 EIQ 分析法,进行仓储中心各功能区域的规划及设备的选型规划。

任务二 订单 EIQ 分析

● 知识目标

1. 订单品类的概念。
2. 品项的概念。
3. EIQ 分析法的概念及实施步骤。
4. EIQ 分析法的不同维度。

● 技能目标

1. 能够运用 EIQ 分析法对订单量 EQ 进行分析。
2. 能够运用 EIQ 分析法对品项数量 IQ 进行分析。
3. 能够运用 EIQ 分析法对单个订单的品项出库次数进行分析。
4. 能够运用 EIQ 分析法对仓储订单进行综合分析并提出存储策略。

一、任务描述

订单是物流仓储中心的生命线,掌握了订单的特征,就能了解物流仓储中心的大致工作内容。然而订单的品类、数量、发货日期差别很大,且在不断变化,这既是物流仓储中心高效工作的表现,也是难以把控的不确定因素。因此,无论是规划新仓储中心还是对现有仓储中心进行改造升级,都给规划人员带来了一定的挑战。掌握数据分析的原则,进行有效的组群分类,简化分析过程,得出较可靠的分析结果,对于规划设计来说是必不可少的基础工作。

EIQ 分析法是针对不确定性和波动状态物流系统的一种规划方法,其意义在于掌握物流特性，并根据物流状态和运作方式规划出符合实际的物流运作系统。采用 EIQ 分析法，能有效规划仓储中心的框架结构，从宏观上有效掌握仓储中心的货品特征。

在本任务中，需要依据任务实施中的内容完成如下工作。

(1) 一定时期内的出入库量分析。

(2) 现有订单的 EQ、IQ、EK、IK 各维度的分析。

(3) 各维度的分析结论和建议。

二、必备知识

1. 品类的概念

AC 尼尔森市场调查公司认为，品类即确定哪些产品划分到同一小组和类别，与消费者的感知有关，是基于消费者需求驱动和购买行为的划分。通常来说，品类就是商品的分类，一个分类就代表了消费者的一种需求，是消费者认为相关联或可以互相替代，且易于一起管理的一类产品。

与传统产品类别划分不同的是，品类的划分以消费者的购物需求为核心，同时适当考虑零售管理方面的需要。

品类包括品类描述和品类结构两方面的内容。

(1) 品类描述，主要描述该品类的特点、涵盖范围，以及该品类不包含的产品。

(2) 品类结构，是将同一品类的产品进行分类管理，以确保产品的选择能满足目标消费群的需求。

2. SKU 的概念

SKU(stock keeping unit) 即库存保有单位，也叫库存量单位，是指库存进出计量的基本单元，可以是件、盒、托盘。SKU 是物理上不可分割的最小存货单元，在使用时要根据不同业态、不同管理模式来处理。

SKU 是客户拿到商品放到仓库，给商品编号的一种方法，在不同的企业有时也会理解为存货单元、库存单元等，专业物流术语为"货格"。

SKU 在 EIQ 分析方法中对应 I，即品项。"品项"等同于 SKU，只要商品属性不同，就可以理解为不同的品项或 SKU。属性包括品牌、型号、配置、等级、花色、生产日期、保质期、用途、价格、产地等。

每一个 SKU 都有一个编码，SKU 编码是基于信息系统和货物编码的，不同的 SKU 有不同的编码，可以利用信息系统分析、统计不同的 SKU 的销售和库存状况。

在本书中，统一以"品项"为固定的提法。

3. EIQ 分析法

1) EIQ 分析的具体内容

订单的品项、数量、发货日期差别很大,且在不断变化,这既是物流存储中心高效工作的表现,也是难以把握的不确定因素。这个时候就需要负责规划设计的专业人员采用必要的分析方法,对订单数据进行分析,对货品进行有效的组群分类,简化分析过程,再进行相关分析,进而得出较可靠的分析结果,这是仓储规划的基础工作内容。

日本学者铃木震倡导的 EIQ 分析法是适用于物流仓储中心规划与设计的一套有效方法。简单来说,就是基于订单、品项和数量这 3 个物流关键规划要素来研究仓储中心的需求特点,为物流仓储中心的规划和设计提供依据。EIQ 分析法针对不确定和波动状态的物流系统进行分析,采用这种分析方法能有效地得出仓储中心的框架结构,从宏观上有效掌握仓储中心的物流特性。

(1) E(entry),指订单,接收的每一笔订单具有同时拣货,且同时配送至同一地点的特征。只要在订单截止时间内,数笔追加的订单均可合并成单一订单,在物流作业过程中被视作同一订单。反之,在批量订单下,要求以不同时间或向不同地点配送的货品,对物流仓储中心而言均被视为多个订单,必须进行订单分割。

(2) I(item),指商品品项,也是 SKU。不同质、量、包装单位、包装形式等的产品,都视作不同的品项,原则上以各供应商的品号为区别依据。在实际的电商等零售企业中,分析品项就是对 SKU 的分析。

(3) Q(quantity),指数量,即每一笔订单、每一品项所订购的数量资料,它是联结订单与品项的桥梁,物流仓储中心的作业特征有赖于订单与品项数量的分布状态。

通过 EIQ 分析法可了解物流作业特征,如通过订单内容了解订货特征、接单特征、作业特征等,进而利用 EIQ 系统进行物流系统的基础规划,或利用 EIQ 系统进行模拟分析,最后确定配合物流系统特征的物流设备。

2) EIQ 分析的优势

在物流仓储中心的规划中,EIQ 分析的优势如下。

(1) 通过 EIQ 分析,可以了解物流变动的趋势及规律,将客户订单中的种类、数量等资料加以收集。当 T(time) 取年时,连续的 QT 分析可以把握物流业务的变动趋势;当 T 取月时,可以了解物流波动规律。

(2) 通过 EIQ 分析,可以了解客户订购商品的种类和订购的数量,"种类"和"数量"是物流系统的基本要素。

(2) 通过分析订单,能够确定物流系统所需的设备。采用 EIQ 分析法进行各指标的分析后,可以根据商品订购和分拣特性,进行物流设备的选择和规划。

(3) 能够进行物流系统的基础规划。通过对订单特性各维度的分析,能够对区域布局规划、设备选用等做一些基础的判断。

4. EIQ-PCB 分析

采用 PCB 分析法时，也可以结合 EIQ 分析法进行综合分析。由 EIQ 分析可以得出历史需求状况，将这些数据作为假定的需求，进而将这些数据与系统设备条件加以对应，即可得到概括性的系统规格。在实际的仓储规划项目中，采用 PCB 分析法时也会结合 EIQ 分析法进行综合分析。

三、实施方法

下面说明采用 EIQ 分析法在项目规划前期进行数据分析的具体实施步骤。

1. 资料收集

采用 EIQ 分析法时，可以依不同的用途分别以 1 日、1 周、1 个月，甚至 1 个季度为时间范围收集资料。由于物流中心尤其是分拣配送中心的工作负荷波动较大，所以抽取单一周期中最具代表性的一天难度较大，因此可以参考 1 周或 1 个月的资料，比较容易了解物流中心在淡旺季或各周期的作业变化情形。一般情况下，EIQ 分析以 1 个月作为分析时间窗，以适应市场的快速变化。若 1 个月的资料量过大，不易处理，通常可依据物流中心的作业周期性，先取 1 个周期或 1 个星期的资料加以分析，如果有必要再进行更长时间的资料分析。也可以按照商品特性或客户类别将资料分成数个群组，针对不同的群组进行个别的 EIQ 分析，或是以某群组为代表进行分析。EIQ 分析资料收集格式如表 1-9 所示。

表 1-9 EIQ 分析资料收集格式

时间： 年 月 日　　　　　　　　　　　　　　　　　　　　　　　　　　单位：箱

发货订单	订单各品项的发货数量						订单发货数量	订单发货品项
	I_1	I_2	I_3	I_4	I_5	……		
E_1	Q_{11}	Q_{12}	Q_{13}	Q_{14}	Q_{15}	……	Q_1	N_1
E_2	Q_{21}	Q_{22}	Q_{23}	Q_{24}	Q_{25}	……	Q_2	N_2
E_3	Q_{31}	Q_{32}	Q_{33}	Q_{34}	Q_{35}	……	Q_3	N_3
……	……	……	……	……	……	……	……	……
发货数量	$Q_{\cdot 1}$	$Q_{\cdot 2}$	$Q_{\cdot 3}$	$Q_{\cdot 4}$	$Q_{\cdot 5}$	……	—	$N.$
发货次数	K_1	K_2	K_3	K_4	K_5	……	—	$K.$

① Q_1（订单 E_1 的发货数量）$= Q_{11} + Q_{12} + Q_{13} + Q_{14} + Q_{15} + \cdots$

② $Q_{\cdot 1}$（品项 I_1 的发货数量）$= Q_{11} + Q_{21} + Q_{31} + Q_{41} + Q_{51} + \cdots$

③ N_1（订单 E_1 的发货品项）= 计数（$Q_{11}, Q_{12}, Q_{13}, Q_{14}, Q_{15}, \cdots$）> 0 者

④ K_1(品项 I_1 的发货次数)= 计数 $(Q_{11}, Q_{21}, Q_{31}, Q_{41}, Q_{51}, \cdots) > 0$ 者
⑤ $N.$(所有订单的发货品项数)= 计数 $(K_1, K_2, K_3, K_4, K_5, \cdots) > 0$ 者
⑥ $K.$(所有品项的总发货次数)$=K_1+K_2+K_3+K_4+K_5+\cdots$

2. 资料分析与图表制作

EIQ 分析法是一种量化的分析法,一般使用表 1-10 所示的统计方法进行物流系统的各种物流特征分析。

表 1-10 EIQ 分析法的统计方法

方法	目的
算数平均值	取一个平均值
最大、最小值	取上、下限
总数	取总数
全距	最大与最小值的差距
众数	此处出现最多的数值
次数分布	各组资料出现次数统计
相对百分比	将个别值加以排列并计算其百分比
ABC 分类法	将数值按大小排列,并累计其百分比
总图	EIQ 统计表
分析表	EQ、EN、IQ、IK 等分析
分布图	EQ、EN、IQ、IK 等分析

将取样得到的资料利用表 1-10 所示统计方法进行 EQ、EN、IQ、IK 等分析,并将所得出的分析数据图表化,即成为反映物流仓储中心特征的重要资料,且根据各图表的分析结果选择使用的设备。

在一般物流仓储中心的作业中,如果将订单或品项出货量经排序后绘图,如 EQ、IQ 分布图,并将其累计量以曲线表示出来,由此形成的图形即为柏拉图,此为数量分析时最基础的分析工具。也就是说,只要可以表示成项与量的关系的资料,均可以柏拉图方式表示。

某物流仓储中心流利式货架区某一天的订单发货品项数量资料统计如表 1-11 所示。

表 1-11 某物流仓储中心流利式货架区某一天的订单发货品项数量资料统计

发货订单	订单各品项的发货数量					
	I_1	I_2	I_3	I_4	I_5	I_6
E_1	300	200	0	60	100	150
E_2	150	750	200	0	0	600
E_3	60	0	300	400	0	250
E_4	0	0	0	500	300	150
E_5	90	150	70	200	350	70

各订单发货数量如下：

Q_1=(300+200+0+60+100+150) 箱 =810 箱

Q_2=(150+750+200+0+0+600) 箱 =1 700 箱

以此类推，还可以计算 Q_3、Q_4、Q_5。

各订单发货品项数 N_1=5、N_2=4、N_3=4、N_4=3、N_5=6。

各品项的发货数量如下：

Q_1=(300+150+60+0+90) 箱 =600 箱

Q_2=(200+750+0+0+150) 箱 =1 100 箱

同理，可以计算出 Q_3、Q_4、Q_5、Q_6。

各品项发货次数为 K_1=4、K_2=3、K_3=3、K_4=4、K_5=3、K_6=5。

所有订单的总发货品项数 $N.$=6。

所有品项的总发货次数 $K.$=4+3+3+4+3+5=22。

3. 图表解读

要了解物流仓储中心实际运作的物流特性，只分析一天的资料是不够的。但若分析一年的资料，往往因资料数量庞大，分析过程费时、费力而难以做到。因此，可选取具有代表性的某月或某星期，以一天的发货量为单位进行分析，找出可能的作业周期和波动幅度，若各周期中出现大致相同的发货量，则可以缩小资料分析的范围，如一周内发货量集中在星期五，一个月内集中在月初或月末，一年内集中在某个季度发货量最大。这样，可以得出作业周期和峰值时间。总之，尽可能将分析资料压缩到某个月中最有代表性的时段。如此取样，既可以节省时间和人力，又具有足够的代表性。

1) EQ 分析

EQ 分析即单张订单出货数量的分析，可以明确客户的订货量及比例，进而掌握货品配送的需求及客户情况，以确定订单处理原则，提高拣货系统和配送系统的效率，并影响出货方式及出货区的规划。

订单量分布趋势越明显，分区规划越容易，否则应采用柔性较强的方案。EQ 量很小的订单数所占比例大于 50% 时，应把这些订单另外分类，以提高效率。

EQ 分布图及应用说明如表 1-12 所示。

表1-12 EQ分布图及应用说明

EQ分布图类型	特征	拣货情形
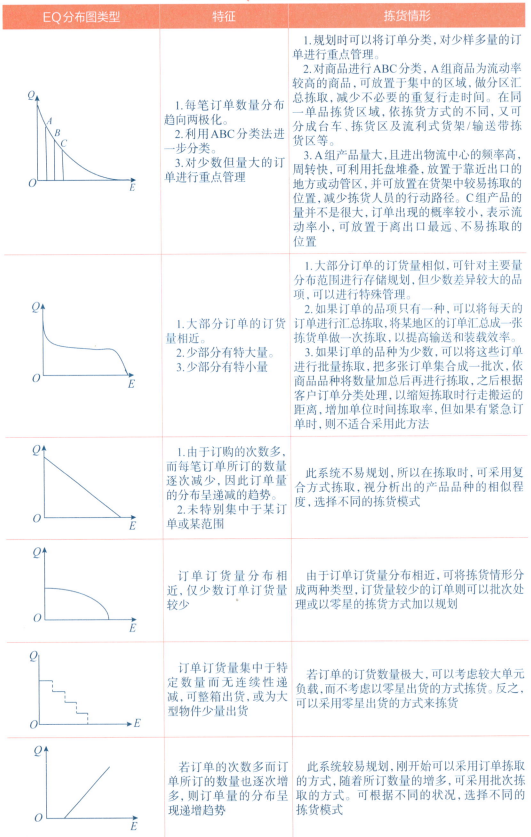	1.每笔订单数量分布趋向两极化。 2.利用ABC分类法进一步分类。 3.对少数但量大的订单进行重点管理	1.规划时可以将订单分类,对少样多量的订单进行重点管理。 2.对商品进行ABC分类,A组商品为流动率较高的商品,可放置于集中的区域,做分区汇总拣取,减少不必要的重复行走时间。在同一单品拣货区域,依拣货方式的不同,又可分成台车、拣货区及流利式货架/输送带拣货区等。 3.A组产品量大,且进出物流中心的频率高,周转快,可利用托盘堆叠,置于靠近出口的地方或动管区,并可放置在货架中较易拣取的位置,减少拣货人员的行动路径。C组产品的量并不是很大,订单出现的概率较小,表示流动率小,可放置于离出口最远、不易拣取的位置
	1.大部分订单的订货量相近。 2.少部分有特大量。 3.少部分有特小量	1.大部分订单的订货量相似,可针对主要量分布范围进行存储规划,但少数差异较大的品项,可以进行特殊管理。 2.如果订单的品项只有一种,可以将每天的订单进行汇总拣取,将某地区的订单汇总成一张拣货单做一次拣取,以提高输送和装载效率。 3.如果订单的品种为少数,可以将这些订单进行批量拣取,把多张订单集合成一批次,依商品种将数量加总后再进行拣取,之后根据客户订单分类处理,以缩短拣取时行走搬运的距离,增加单位时间拣取率,但如果有紧急订单时,则不适合采用此方法
	1.由于订购的次数多,而每笔订单所订的数量逐次减少,因此订单量的分布呈递减的趋势。 2.未特别集中于某订单或某范围	此系统不易规划,所以在拣取时,可采用复合方式拣取,视分析出的产品品种的相似程度,选择不同的拣货模式
	订单订货量分布相近,仅少数订单订货量较少	由于订单订货量分布相近,可将拣货情形分成两种类型,订货量较少的订单则可以批次处理或以零星的拣货方式加以规划
	订单订货量集中于特定数量而无连续性递减,可整箱出货,或为大型物件少量出货	若订单的订货数量极大,可以考虑较大单元负载,而不考虑以零星出货的方式拣货。反之,可以采用零星出货的方式来拣货
	若订单的次数多而订单所订的数量也逐次增多,则订单量的分布呈现递增趋势	此系统较易规划,刚开始可以采用订单拣取的方式,随着所订数量的增多,可采用批次拣取的方式。可根据不同的状况,选择不同的拣货模式

2) EN 分析

EN 分析即订单发货品项数分析,对各订单的发货品项 N_i,单一订单的最大品项数、最小品项数与平均品项数进行统计分析。

EN 分析可以通过单张订单品项数据资料了解客户订购品项的多寡,判断适用的拣货方式及合适的出货区规划。通常需要配合总出货品项数、订单出货品项累计数及总品项数三项指标综合分析。

3) IQ 分析

IQ 分析主要分析各品项的发货数量 Q_i,单一品项的最大发货数量、最小发货数量与平均品项数,针对众多商品进行分类并予以重点管理,主要了解各类商品出货量的分布状况,分析商品的重要程度与运量规模,由此可以知道哪些品种为当期出货的主要商品。IQ 分析可用于分析每一品项出货总数量的情况,也可结合 ABC 分类法进行仓储系统的规划选用、储位空间估算,并将影响拣货方式和拣货区的规划。IQ 分布图所反映的趋势越明显,品种分区存储、分拣分区拣选的策略越容易应用。同时,IQ 分布图也能用来选择设备。

IQ 分布图与 EQ 分布图类似,现就几种常见的订货分布类型的 IQ 分布图介绍如下。

(1) 订货分布类型 I 。订货分布类型 I 的 IQ 分布图如图 1-3 所示,此为一般物流仓储中心的常见模式。

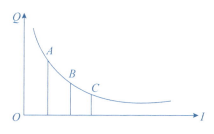

图 1-3 订货分布类型 I 的 IQ 分布图

由于物品的订货量处于两极化,可利用 ABC 分类法做进一步分类。从 EQ 分析来看,订单两级分化,可利用 ABC 分类法进一步分类,订单分级管理,少数订货量大的订单重点管理。从 IQ 分析来看,少数订货量大的物品可分类存储,不同类型的物品可设不同水平的存储单位。

(2) 订货分布类型 II 。订货分布类型 II 的 IQ 分布图如图 1-4 所示,该类型物流仓储中心的特点是大部分订单的订货量(或发货量)相近,仅少数有特大量及特小量。

从 EQ 分析来看,应对主要订货量的分布范围进行规划,少数差异较大者进行特殊处理。从 IQ 分析来看,应主要对同一规格的仓储系统和固定储位进行规划,少数差异较大者进行特殊处理。

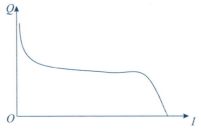

图1-4 订货分布类型Ⅱ的IQ分布图

(3) 订货分布类型Ⅲ。订货分布类型Ⅲ的IQ分布图如图1-5所示，该类型物流仓储中心的特点是订单订货量（或发货量）呈渐减趋势，未特别集中于某些订单或某范围。

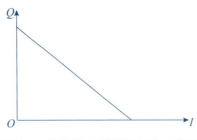

图1-5 订货分布类型Ⅲ的IQ分布图

无论是从EQ分析还是从IQ分析来看，该类型的物流仓储中心较难规划，应较多地选择通用物流设备，以增加物流设备的柔性。

(4) 订货分布类型Ⅳ。订货分布类型Ⅳ的IQ分布图如图1-6所示，该类型物流仓储中心的特点是订单订货量（或发货量）分布相近，仅少数订单的订货量（或发货量）较少。

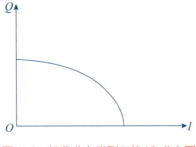

图1-6 订货分布类型Ⅳ的IQ分布图

从EQ分析来看，可分为两种类型，部分订货量较少的订单可以批次处理或以零星拣货方式规划。从IQ分析来看，可分为两种类型，部分订货量较少的物品可用轻型存储设备存放。

(5) 订货分布类型Ⅴ。订货分布类型Ⅴ的IQ分布图如图1-7所示，该类型物流仓储中心的特点是订单订货量（或发货量）集中于特定数量且为无连续性递减，可能为整数发货，或为大型物品的少量发货。

从 EQ 分析来看，可进行较大单元负载单位规划，而不考虑零星发货。从 IQ 分析来看，可进行较大单元负载单位或重量型存储设备规划，但仍需要考虑物品特性。

图 1-7　订货分布类型 V 的 IQ 分布图

一般来说，储区规划时应以一个时间周期的 IQ 分析为主（通常为一年），若配合进行拣货区的规划时，则需要参考单日的 IQ 分析。另外，单日 IQ 量与全年 IQ 量是否对称也是分析的重点，因为结合出货量与出货频率进行关联性分析时，整个仓储拣货系统的规划更趋于实际，因此可进行单日 IQ 量与全年 IQ 量的综合分析。

IQ 分布图及相关说明如表 1-13 所示。

表 1-13　IQ 分布图及相关说明

序号	IQ 分布图类型	特征	产品特性		储位规划	建议使用设备
1		产品数量分布情况比较极端，可进行 ABC 分类	体积	大	分类后，若为 A 类则可置于储区靠下的位置；若为 C 类就置于储区靠上的位置	1.地板堆垛存储；适合较重、较大的物品。2.驶出式货架，可以应用于 A 类商品，因为 A 类商品通常是少样多量的品项。3.重力式托盘货架：A 类通常为大量且短时间出货的商品。4.后推式货架：可在同一储区储放较多的 A 类商品
1			体积	小	分类后，若为 A 类则可置于人工易于拣取的位置	
1			重量	重	分类后，若为 A 类则可置于储区靠下的位置；若为 C 类，则置于储区靠上的位置	
1			重量	轻	分类后，若为 A 类则可置于储区靠中间的地方；若为 C 类，则可置于储区靠上的地方	
2		大部分商品数量分布平均，少部分商品的数量分布有极大、极小的情形	体积	大	可置于储区上方	托盘货架：各品种平均，没有集中的趋势，位置可任意组合
2			体积	小	可置于人工易拣取的储区	
2			重量	重	可置于储区下方	
2			重量	轻	可置于储区上方	

续表

序号	IQ分布图类型	特征	产品特性		储位规划	建议使用设备
3	(图:Q-I 三角形递减)	商品数量分布依次递减,无法进行ABC分类	体积	大	若数量较多可置于储区下方;若数量较少可置于储区上方	1.移动式货架:能使地板面积最大化,对一般物料的规划有帮助。 2.重力式货架:能增加储位的弹性,使架位易于调整
				小	若数量较多可置于储区中间;若数量较少可置于储区上方	
			重量	重	若数量较多可置于储区下方;若数量较少可置于储区上方	
				轻	若数量较多可置于储区中间;若数量较少可置于储区上方	
4	(图:Q-I 凹曲线)	1.大部分的商品数量分布相近。 2.少部分商品出货量较少	体积	大	大部分数量分布相近的商品放于储区下方。少部分出货量较少的商品放于储区上方	1.后推式货架:大量订单的订货量较大,只有少数订单的订货量较小,可在同一储区存放较多相同品种。 2.托盘货架:各品项商品平均,没有集中趋势,位置可任意组合
				小	大部分数量分布相近的商品可放置于中间的储区位置。少数数量较少的商品可置于适当储区位置	
			重量	重	置于储区下方	
				轻	大部分数量分布相近的商品可放置于储区中间的位置,少数数量较少的商品可置于储区上方	
5	(图:Q-I 阶梯递减)	商品出货量集中于特定数量而无连续递减,可为整数(箱)出货,大型物件出货量较小	体积	大	置于储区上方	1.驶出式货架:商品多为整托盘出货时使用。 2.重力式箱货架:多为整箱出货时使用

4) IK 分析

IK 分析主要对单一品项订购或出货次数进行统计分析,统计各品项被不同客户重复订购的次数,有助于了解产品的出货频率。出货次数的重要性不亚于出货量,也是确定是否是常用商品或爆品,即判定是否是 A 类商品的重要依据,这也关系到存储方式。由分析得知产品出货次数,若能配合 IQ 分析,两者将帮助规划人员确定仓储及拣货系统的设计方案,并可进一步划分储区及储位。

5) TiQ 分析

TiQ 分析即一定时间内出货总量的分析，如每日、每月、高峰日、高峰月等，不管是手工分拣线、半自动分拣线，还是全自动分拣线，均由分拣货格数量确定。

四、任务实施

医药行业是物流仓储中心规划项目中的典型行业，药品品类繁多，批量不一。京东物流面向外部企业提供全方位的仓储规划服务，本任务实施环节以京东物流所服务的医药行业仓储规划为案例，进行仓储订单 EIQ 分析。由于教材篇幅有限，此部分内容省略了从仓库管理系统中导出的原始数据。

● 任务背景

本任务所要进行订单 EIQ 分析的对象是一家医药企业的物流仓储中心，药品品类繁多，作为仓储中心规划人员，需要对其医药存储数据进行分析。EIQ 分析是常用的分析方法，因此，需要应用 EIQ 分析法完成以下工作：

(1) 一定时期的出入库量分析；
(2) 现有订单的 EQ、IQ、EK、IK 各维度的分析；
(3) 各维度的分析结论和建议。

● 规划过程

1. EIQ 分析资料收集

此项目中，需要对某医药企业仓储中心的数据进行分析。此处以医药企业仓储中心一个季度的库存数据作为分析基础，首先进行基础数据资料的收集并按照 EIQ 分析维度进行整理。

1) 入库量变动趋势分析

根据原始数据(原始数据略)，对此仓储中心 2019 年 6—8 月各月入库数量、入库品项数、订单数及订单行数进行分析，得到 2019 年 6—8 月入库数据，如表 1-14 所示。

表 1-14 2019 年 6—8 月入库数据

时间	入库数量	入库品项数	订单数	订单行数
2019 年 6 月	3 485 899 件	1 346	786	2 200
2019 年 7 月	3 693 991 件	1 473	883	2 508

续表

时间	入库数量	入库品项数	订单数	订单行数
2019年8月	3 761 238件	1 374	830	2 296
最大值	3 761 238件	1 473	883	2 508
最小值	3 485 899件	1 346	786	2 200
平均值	3 647 043件	1 398	833	2 335
波动系数	0.03	0.05	0.06	0.07

2019 年 6—8 月入库变动趋势如图 1-8 所示。

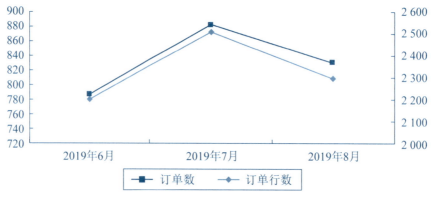

图 1-8　2019 年 6—8 月入库变动趋势

从入库趋势来看，2019 年 7 月入库订单数量达到峰值，随后在 8 月逐渐下降。

2) 出库量变动趋势分析

将 2018 年 7 月—2019 年 6 月各月出库数量、出库品项数、出库单行数及出库单数进行分析，得到以上各月出库数据，如表 1-15 所示。

表 1-15　2018 年 7 月—2019 年 6 月出库数据

出库时间	出库数量	出库品项数	出库单行数	出库单数
2018年7月	2 635 871件	1 091	10 465	2 373
2018年8月	2 065 561件	1 008	8 651	1 922
2018年9月	3 287 921件	1 113	12 165	2 405
2018年10月	2 033 861件	1 052	9 867	2 115
2018年11月	2 463 776件	1 044	9 539	2 075
2018年12月	2 735 672件	1 154	11 507	2 098
2019年1月	2 632 625件	1 104	10 007	1 307
2019年2月	2 303 764件	1 079	8 202	1 792

续表

出库时间	出库数量	出库品项数	出库单行数	出库单数
2019年3月	3 314 639件	1 508	13 824	1 554
2019年4月	3 054 590件	1 563	13 483	1 143
2019年5月	3 929 061件	1 811	16 212	1 412
2019年6月	3 648 707件	1 705	14 668	977
总计	34 106 048件	15 232	138 590	21 173
平均值	2 842 170.69件	1 269.33	11 549.17	1 764.42
最大值	3 929 061件	1 811	16 212	2 405
最小值	2 033 861件	1 008	8 202	977
波动系数	0.38	0.43	0.40	0.36

2018年7月—2019年6月出库数量和出库品项数变动趋势如图1-9所示。2018年7月—2019年6月出库单行数和出库单数变动趋势如图1-10所示。

图1-9 2018年7月—2019年6月出库数量和出库品项数变动趋势

图1-10 2018年7月—2019年6月出库单行数和出库单数变动趋势

分析结论：从出库变动趋势来看，出库数量和出库品项数趋势一致且数量差异不大，说明此仓储中心主要面向企业客户；品项出库量和订单出库量差异不大且比较稳定，可以基本判定按照整托作为基本的存储单位进行存储。

2. 现有订单 EIQ 分析

下面以 2019 年 3 月出库单为依据进行 EIQ 分析。对 EQ 订单总量、EN 订单出库品项数、IQ 每一品项的出货总量、IK 单一品项出货次数的分析，如表 1-16 所示。

表 1-16　2019 年 3 月出库单总量分析

EQ总量	出库单数	总订购量	平均值	最大值	最小值	全距
EQ	1 554	3 314 639	2 132.97	99 565	1	99 564
EN总量	出库单数	出库单行数	平均值	最大值	最小值	全距
EN	1 554	13 824	8.90	300	1	299
IQ总量	品项数	出库数量	平均值	最大值	最小值	全距
IQ	1 508	3 314 639	2 198.04	219 073	1	219 072
IK总量	品项数	订购次数	平均值	最大值	最小值	全距
IK	1 508	13 824	9.17	162	1	161

2019 年 3 月出库单特征值分析如表 1-17 所示。

表 1-17　2019 年 3 月出库单特征值分析

分类	EQ	EN	IQ	IK	EIQ
单位	出货件数/单	品项数/单	出货件数/品项·月	受订次数/品项·月	件/单·品项
平均值	2 132.97	8.90	2 198.04	9.17	239.77

分析结论：通过对 2019 年 3 月数据的整理及 IQ 分析得出品项出货量的分布，如图 1-11 所示。药品品项订单订货量属于两级分化分布，少数品项订单订货量非常高，针对这部分订单可以重点管理。在储区规划方面，可将此类品项集中放置且放置在易于拣选的储位，可选择高密度立体仓库用于品项少、出货量大的物品。

3. 未来订单 EIQ 分析

在实际的仓储项目规划中，一般来说，对于当前现有订单数据的分析，往往是为了规划未来的仓储规划建设，因此，完成当前订单的数据分析后，一般都要对未来 3～5 年的订单进行 EIQ 分析。整个物流仓储中心的规划不仅要满足企业当前的需求，也要满足企业业务未来几年的增长需求。在未来订单的 EIQ 分析中，要根据与企业客户的沟通和企业的业务增长预测进行未来仓储需求相关数据的预测分析，具体分析方法同上，此处不再赘述。

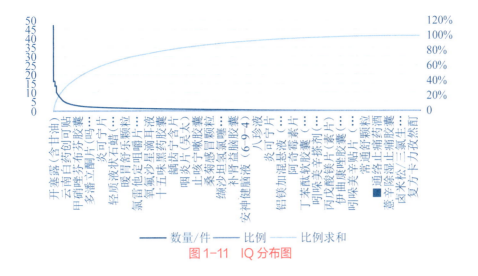

图1-11 IQ分布图

五、任务总结

本任务重点讲解了 EIQ 分析法在实际仓储规划案例中的应用，EIQ 分析法是仓储需求分析的典型方法，在实际规划项目中，都是联合 ABC 分类法、PCB 分析法进行综合评估，这样能够确定物流仓储中心的大致规划原则及框架结构。本任务依托医药行业的案例采用 EIQ 分析法进行了规划过程再现，是 EIQ 分析法在实际案例中的应用，有助于学习者掌握 EIQ 分析法。

在项目规划实践中，应结合实际企业或客户的业务需求，进一步进行精细化规划与建设。

任务三　仓储能力分析

● 知识目标

1. 仓储吞吐量的概念。
2. 库容量的概念。
3. 库存周转的概念。

● 技能目标

1. 掌握库容量的计算方法。
2. 掌握库存周转相关指标的计算方法。

一、任务描述

从仓储基础数据的分析中可以发现目前仓储作业过程中存在的问题，同时还可以发现提高仓储效率的各种可能的途径。所要达到的绩效水平不同，具体的仓储规划设计也会不同。因此，规划人员在进行物流仓储中心规划的过程中，尤其是在项目的改造过程中，有必要对现有物流仓储中心的作业效率进行分析，且与市场平均水平进行比较，以便在项目改造过程中结合业务需求进行有针对性的规划设计。

在智能化物流仓储中心的规划项目中，一般会根据仓储中心现有绩效水平做整体的绩效和效率的分析，根据业务需求进行规划后，也会进行规划后的绩效产能的评估。自动化设备仓库规划方案成型后，仓储中心的绩效产能评估更是必不可少。

不同的企业和行业，对仓储效率的评价指标略有不同，分类依据也不尽相同。一般来说，以仓储为主要功能的仓储中心和集仓储、分拣、配送为一体的物流中心，仓储效率的评价指标是不同的。以仓储为主要功能的仓储中心更注重仓储数量、仓储质量、仓库的利用率等指标，而集仓储、分拣、配送为一体的物流中心，因为流转率会更高、仓储活力更大，因此除了仓储相关指标外，还会对流转效率、进出货效率、自动化设备分拣效率等指标进行分析和评价。

本任务将从仓储功能的角度介绍仓储中心效率评价的几个常见指标，在京东物流仓储体系中，由于订单流量巨大，且京东商城作为电商零售头部企业，有巨大的C端客户体量，因此，京东的仓储体系都有专门的大型分拣中心。而分拣中心的规划方案与仓储中心是完全不同的，本任务及本课程后续内容都将以仓储中心为规划的主体来进行内容的讲解，部分内容会涉及分拣作业等相关内容。

在本任务中，仍然依托前述任务中某医药企业仓储中心的数据信息，完成以下工作：
(1) 根据半年的仓库存储数据分析仓库吞吐量；
(2) 分析出入库量、出入库量变动趋势；
(3) 分析周转天数指标并进行分析。

二、必备知识

仓储服务水平及作业效率的评价指标有多种，每个企业的评价指标略有不同，分类维度也有所不同。常用的仓储服务水平的评价指标包括仓储吞吐量、库容量及库存周转能力。

吞吐能力体现了一个向内聚合和向外发散的能力，吞吐量是衡量仓储中心吞吐规模的量化指标，是指一段时间内进出仓储中心的货物总量，以实物件数为计量单位。下面介绍几个主要的仓储指标：吞吐量、库容量、库存周转能力。

1. 吞吐量

吞吐量是指一段时间内进出仓储中心的货物总量，是仓库在一段时期内（一般为一个计划年度）收进和发出商品的数量之和，一般用重量表示。它反映仓库作业量的大小，是进行仓库规划的主要依据。

采集吞吐量需要规划人员采集一段时间内入库与出库的数据，每一次入库卸下的货物记为一次入库吞吐量，简称入库量；每一次出库配送的货物记为一次出库吞吐量，简称出库量。需要说明的是，吞吐量描述了实体货物流动的情况，是实物运动数量的体现，而不是信息或其他无形的流量。

与吞吐量相关的统计数据主要有一段时间内的入库总量与入库日平均量、出库总量与出库日平均量，以及这段时间的入库量、出库量的峰值与极大值。

2. 库容量

仓储中心的库容量是指除去必要的通道和间隙后所能容纳货物的最大数量，以实物件数为主要计量单位。库容量主要衡量库存规模，反映仓库规模和运营能力的大小，主要的指标是平均库存量。

用平均库存量来反映库容量的原因在于，在物流仓储规划中，库存量大部分情况下是用货物件数进行计量，库容量是静态的，但是库存量是动态的。分析某一个时点的库存量意义不大，因为该时点可能属于特殊时点，不能代表大部分正常状态下的仓储容量水平，因此取一段时间的平均值来进行衡量分析。计算公式如下：

月平均库存量 =(报告期内仓库某月的月初库存量 + 月末库存量)/2

年平均库存量 = 年度内各月平均库存量之和 /12

在实际的物流仓储中心规划项目分析中，还要统计不同货品的库存，因为针对全部货品的平均库存量分析只能让规划者有大概的认识，如仓储配送中心的存储利用率、存储余量等，缺乏针对每一类货品历史平均数据的分析，缺乏针对性和归纳性，无助于解决物流仓储规划的实际问题。理想的历史平均数据应当是经过合理分类与聚集的数据，从物流仓储规划与设计的角度出发，规划者需要对货品进行分类，并对分类后货品的库存进行分析，比如对品类的分析、货品 ABC 分类、拣选方式分类等。其中对品种分类、品类的分析、ABC 分类主要是为了对不同品类货品的不同库存特性进行横向比较，相关内容已在前面的课程中介绍过，此处不再赘述，规划人员需要在实际项目中进行综合分析及应用。

3. 库存周转能力

库存周转是指货品从进入仓储中心到离开仓储中心。货品周转情况主要通过库存周转次数和库存周转天数两个指标来体现。库存周转指标主要反映存货的占用水平和流动性，进而反映企业的变现能力和经营能力。

1) 库存周转次数

库存周转次数即库存周转率，是指某一段时间内货品的库存能够周转几次，计算公式一般为

$$库存周转次数 = \frac{年销售额}{平均库存额}$$

对于物流仓储规划而言，分析库存周转次数的目的在于分析实物的周转情况，因此利用周期内出库总量与平均库存量来计算周转次数更有意义，使用的计算公式应当变更为

$$库存周转次数 = \frac{周期内出库总量}{平均库存量}$$

2) 库存周转天数

库存周转天数表示库存周转 1 次需要的天数，平均库存周转天数表示货品的平均在库天数，天数越长则表示货品平均在库天数越多。因此，在物流仓储规划的实践中，周转天数比周转次数更易理解和描述，也更为常用。计算公式如下：

$$库存周转天数 = 365 / 库存商品年内平均周转次数$$

除了以上几个关键的仓储分析指标之外，还有一些指标，如商品保管损耗、平均收发货时间、收发货差错率、仓库劳动生产率、设备利用率等，这些指标也会被不同类型的仓储中心根据实际的评价需求进行综合使用。

整体来说，较高的仓储作业效率都是通过科学的仓储流程设计与先进的管理体系体现出来的。先进的仓储分拣一体化高效作业水平体现在仓储的入库、存储、拣选、定位、补货、装运出库的各流程中。在后续内容中，本书将从仓内流程规划、功能布局规划，以及自动化、智能化水平设计等方面进行全面、系统的讲解。

三、实施方法

先进的仓储作业水平体现为较高的仓储作业效率及各流程高效、顺畅的运转，而较强的仓储各流程运转能力体现为各流程的顺畅衔接，包括收货、入库、存储、补货、订单拣选、装运出库等各流程的衔接。在传统人工仓库中，往往作业效率不高，并且没有很好地进行作业流程优化。在进行物流仓储中心规划时，需要通过分析仓储需求以及现有的仓储数据，计算仓储绩效指标现状，并根据未来业务发展需求进行仓储能力预测。

1. 数据的收集、整理

根据物流仓储中心现有的库存量、出库量、入库量这几个关键指标进行数据收集，一般来说，应收集一段时间内的数据，比如以一年总波动较为明显的一个季度为数据收集蓝本。出库量、入库量就能够反映这个物流仓储中心现有的吞吐能力。

2. 仓储能力主要指标的计算

通过计算库容量、库存周转率可以判断当前物流仓储中心的活力，最重要的是通过现有的周转效率来分析是否与仓储企业业务需求相匹配，仓储能力是否能满足业务发展的需要。一般企业改建已有物流仓储中心的原因都是现有仓储及周转能力不能满足企业发展的需求，需要优化仓储流程、优化自动化设备、优化库区等，进行仓储的相关升级工作，以匹配业务需求。

四、任务实施

●项目背景

进行单纯的仓储作业整体能力分析时，主要目的是通过分析进行预测，满足医药企业仓储中心未来的仓储需求。

本任务基于前述任务，根据医药企业仓储中心的已有数据计算相关的仓储能力指标。结合本项目中医药企业仓储中心的特点，以半年为周期，列出半年内的相关数据。在本任务中，需要完成以下工作：

(1) 通过半年时间内的仓库存储数据分析仓库吞吐量；
(2) 分析入库量、出库量变动趋势；
(3) 计算周转天数指标并进行分析。

●规划过程

1. 吞吐量分析与预测

吞吐量主要根据库存量变动趋势以及出、入库量变动趋势来分析。下面仍以任务二所选取的医药企业仓储中心来进行说明。

1) 月末库存量变动趋势分析

此仓储中心是一个面向 B 端客户的医药企业仓储中心。首先，选定一个时间段的数据作为数据分析的基础资料。该医药企业仓储中心 2018 年 7 月—2019 年 6 月各月月末库存变动数据如表 1-18 所示，库存变动趋势如图 1-12 所示。

表 1-18　医药企业仓储中心 2018 年 7 月—2019 年 6 月各月月末库存变动数据

时间	库存数量	库存品项数
2018 年 7 月	1 541 230 件	1 051
2018 年 8 月	1 269 083 件	1 051
2018 年 9 月	1 533 316 件	1 047
2018 年 10 月	1 519 198 件	1 067
2018 年 11 月	1 829 384 件	1 027
2018 年 12 月	1 401 381 件	959
2019 年 1 月	1 714 517 件	1 002
2019 年 2 月	1 509 253 件	1 020
2019 年 3 月	1 613 192 件	1 158
2019 年 4 月	1 955 831 件	1 324
2019 年 5 月	2 139 709 件	1 474
2019 年 6 月	1 846 399 件	1 510
最大值	2 139 709 件	1 510
最小值	1 269 083 件	959
平均值	1 656 041 件	1 141
波动系数	0.29	0.32

图 1-12　2018 年 7 月—2019 年 6 月各月月末库存变动趋势

2) 出、入库量变动趋势分析

2019 年 6—8 月各月入库变动数据如表 1-19 所示，对 2019 年 6—8 月各月入库数量、入库品项数、订单数及订单行数等数据进行分析，得到 2019 年 6—8 月入库变动趋势，如图 1-13 和图 1-14 所示。

表 1-19　2019 年 6—8 月各月入库变动数据

入库时间	入库数量	入库品项数	订单数	订单行数
2019 年 6 月	3 485 899 件	1 346	786	2 200
2019 年 7 月	3 693 991 件	1 473	883	2 508
2019 年 8 月	3 761 238 件	1 374	830	2 296
最大值	3 761 238 件	1 473	883	2 508
最小值	3 485 899 件	1 346	786	2 200
平均值	3 647 043 件	1 398	833	2 335
波动系数	0.03	0.05	0.06	0.07

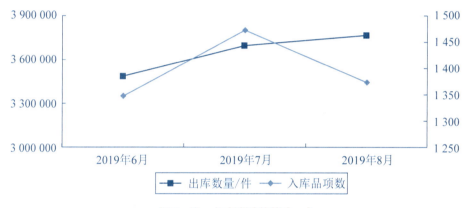

图 1-13　入库变动趋势（一）

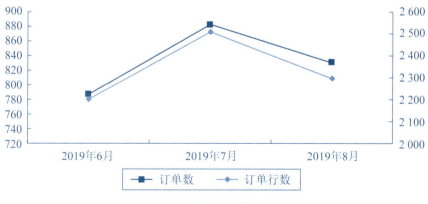

图 1-14　入库变动趋势（二）

2018 年 7 月—2019 年 6 月各月出库变动数据如表 1-20 所示，对 2018 年 7 月—2019 年 6 月各月出库数量、出库品项数、出库单行数及出库单数进行分析，得到以上各月出库变动趋势，各月出库变动趋势图如图 1-15 所示。

表1-20 2018年7月—2019年6月各月出库变动数据

出库时间	出库数量	出库品项数	出库单行数	出库单数
2018年7月	2 635 871件	1 091	10 465	2 373
2018年8月	2 065 561件	1 008	8 651	1 922
2018年9月	3 287 921件	1 113	12 165	2 405
2018年10月	2 033 861件	1 052	9 867	2 115
2018年11月	2 463 776件	1 044	9 539	2 075
2018年12月	2 735 672件	1 154	11 507	2 098
2019年1月	2 632 625件	1 104	10 007	1 307
2019年2月	2 303 764件	1 079	8 202	1 792
2019年3月	3 314 639件	1 508	13 824	1 554
2019年4月	3 054 590件	1 563	13 483	1 143
2019年5月	3 929 061件	1 811	16 212	1 412
2019年6月	3 648 707件	1 705	14 668	977
总计	34 106 048件	15 232	138 590	21 173
平均值	2 842 170.69件	1 269.33	11 549.17	1 764.42
最大值	3 929 061件	1 811	16 212	2 405
最小值	2 033 861件	1 008	8 202	977
波动系数	0.38	0.43	0.40	0.36

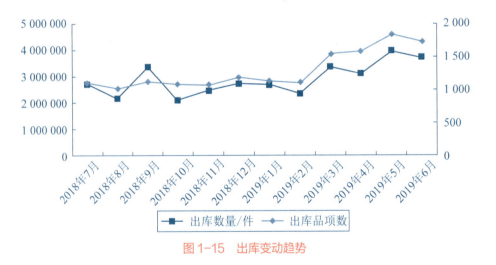

图1-15 出库变动趋势

由出库数据可以看出，出库量在2019年5月和6月有一个小的高峰，其他月份出库量较为平稳。

2. 库存周期测算

基于2018年7月—2019年6月的库存数据与出库数据对库存周期进行测算。2018年7月—2019年6月，此医药企业仓储中心的出库总量为34 106 048件，平均库存量为1 656 041件，由以上两项数据计算得出全年库存周转20.59次，库存周期约为18天。

$$周转次数 = \frac{周期内出库总量}{平均库存量} = \frac{34\ 106\ 048}{1\ 656\ 041} \approx 20.59(次)$$

周转天数 = 365/库存商品年内平均周转次数 = 365/20.59 = 17.7 ≈ 18(天)

周转效率一般与同行业仓储中心平均周转效率做同类对比，如果低于同行业平均水平，则意味着要提升周转效率。这里，我们不对此周转次数与周转天数结果做评价，主要是通过此案例介绍分析方法。

通过以上数据和趋势图可以看出，各维度曲线走势较为一致。从月末库存变动趋势来看，库存数量与库存品项数趋势基本一致；从入库变动趋势来看，入库数量、入库品项数、订单数、订单行数波动系数较小，随着订单量的增加，入库品项数有所增加或者持平。从出库变动趋势来看，出库数量与出库品项数也基本保持一致。从以上数据及整体趋势分析来看，此医药企业仓储中心以面向B端客户为主，整体出、入库数量及品项数量趋势基本保持一致，说明此医药企业采购人员基本能够按照出库需求量进行定期采购并入库，品项数的入库量也能够满足客户所需的出库量。对于暂时能够满足当前业务需求的仓储中心规划项目来说，一方面，要在现有基础上提高效率，比如通过人力成本分析、人员作业效率分析，如果涉及自动化仓库，还要分析自动化设备的利用率、仓库容积率来提升当前仓库的运转效率，进一步节约成本；另一方面，要通过客户未来的业务发展预测、销售预测进行未来数据的预测分析，对现有仓储中心的布局、功能、作业流程、设备等进行升级改造，满足未来业务发展的需求。

五、任务总结

本任务主要介绍了仓储吞吐量、库容量、库存周转能力三个基本的仓储指标，通过库容量相关指标的计算，可以大致判断仓储物理空间的有效利用程度，进而判断整个仓储中心的布局规划的有效性。通过库存周转相关指标的计算，可以了解整个仓储货品的出、入库体量，以及仓储管理流程是否顺畅等，而仓储规划的目的就在于优化仓储物理空间和仓储流程，提高设备的利用率和仓储管理效率。

整个仓储规划的需求分析过程是多维度考量、综合判定的过程，最终还要根据企业最重视的需求来进行综合判断，确定规划的方向。到本任务为止，本书已经介绍了ABC分类法、PCB分析法、EIQ分析法三个基本仓储数据分析方法，并通过任务实施中的案例进行了实施过程讲解。在后续的课程中，将在此基础上介绍仓储流程规划、仓内布局规划、仓储设备规划等方面的内容。

 读书笔记

项目二
仓储流程规划

■ 项目说明

仓储流程规划就是确定物流仓储中心的主要活动及其相互衔接的关系。仓储作业的规划是一个系统工程，该系统的每一作业环节都应力求达到合理化、简单化、机械化、智能化。

合理化，是指各项作业具有必要性与科学性，作业流程规划必须对每一作业环节进行分析，彻底摒弃不提供价值的环节，力争作业流程中每一环节的工作绩效最优化。

简单化，是指整个系统的物流作业简单、明确和易操作，力求简化可能出现的多余的作业和处理单位，将储运单位分类合并，以标准托盘或储运箱为容器，尽量减少重复堆放所引起的搬运翻堆和暂存工作，简化储运作业。

机械化，是指用机械来代替人工完成物流作业。

智能化，是指利用集成智能化技术，使物流系统能模仿人的智能，具有思维、感知、学习、推理判断和自行解决物流中某些问题的能力。

不同的物流业务形态，其物流的作业流程具有不同的形式，仓内作业流程基本都包含收货流程、发货流程、拣货流程、退货流程。整个流程中，仓内物品的运动路线就构成了物流动线。本项目主要介绍仓储流程规划项目中的重点：仓内流程及动线规划和仓内拣货路径规划。

■ 项目内容

任务一　仓内流程及动线规划

任务二　仓内拣货路径规划

任务一　仓内流程及动线规划

●知识目标

1. 仓储中心的一般作业流程。
2. 常见的仓内动线类型。
3. 仓内作业流程的分析要点。

●技能目标

1. 能够结合仓储功能区域进行作业流程规划。
2. 能够确定适宜的仓内动线。

一、任务描述

在仓库管理中，主要的工作包括货物验收入库、存储保管、流通加工、备货拣选、出库发货等，而进行这些操作所在的位置决定了一件货物在仓库内的运动路线，即仓内物流动线。

仓内动线可分为人的动线和物的动线，本任务主要介绍物的动线。

物品入库后，出库拣选作业受生产订单的驱动，受仓储布局的制约，而整个过程中，包括订单下达及汇聚、生成拣货策略、输出拣货单、规划拣货路径等则受企业的生产组织模式的调度。仓库接到信息化系统的出货指令后，仓库管理系统会根据生产调度需求选择拣货策略，完成拣货后进行合流、打包、出库。仓储动线的设计是整个物流仓储中心运行的基础，合理的动线设计才能让仓储出入库流程更加有效。

一般来说，动线规划的基本原则如下：物流动线不迂回，防止无效搬运，避免动线冲突、搬运不安全。提高仓内物流动线的流畅程度是提升作业效率的重要手段。

本任务的任务实施部分依托某仓储中心的改建项目，需要完成如下工作：

(1) 优化仓储作业流程；
(2) 基于仓储作业流程进行该仓储中心的改建方案设计。

二、必备知识

1. 仓内的主要作业流程

仓储中心的一般作业流程包含存储、拣选和分拣、出库几个重点环节，整个作业流程可细分为收货入库作业流程、上架与下架作业流程、补货作业流程、拣选作业流程和包装出库作业流程。

1) 收货入库作业流程

货品运送到仓储中心后，先将货卸下并码放在托盘上，再到货物登记处进行登记，打印到货通知单，根据到货单，仓库工作人员对入库货品数量、品类和质量进行核对。核对无误后，用 RF 枪扫描单据及商品包装上的条形码，将收货信息录入仓库的数据库中，然后用堆垛机将托盘放至上架等待区，由叉车操作人员将货品存放到货架上。

在商品核对过程中，若货品是新品，需要对新品进行维护，即对长、宽、高及重量进行测量，并录入系统中。RF 枪收货操作过程主要包括扫描通知单号、扫描容器牌和商品条形码，再输入生产日期、时效时间及收货数量，最后选择容器。该商品的收货信息就此录入仓库系统中。

2) 上架与下架作业流程

上架作业主要是将货品存放在存储区，以便对拣货区货品随时补给。叉车操作人员扫描上架区域托盘上的容器二维码，根据系统所提供的存储货位来叉取托盘至指定的区域，然后扫描商品条形码、扫描货位，输入上架商品的数量，将上架信息录入系统，完成上架作业。

下架作业是客户下单某商品后，系统生成相应的订单，补货下架区域的作业人员根据某一段时间的客户订单生成下架任务，包括商品种类、数量等内容。由叉车操作人员将货品从高层货架上取出，并用 RF 枪录入下架信息，然后将下架货品放置在补货上架区域，下架作业完成。

3) 补货作业流程

仓库工作人员使用 RF 枪扫描补货上架区域的货品信息，确定商品需要送至的补货具体货位。若由于系统问题导致该货位已占满，则根据货位分配原则选择其他货位放置，并及时将补货位置录入系统中。

4) 拣选作业流程

仓储中心接收到订单后，由系统生成相应的订单数据，并对订单进行预处理，即系统默认下单数量的该商品已经被占用,该货位的可供拣选的货品数量要减去被占用的数量,然后进行波次汇总,将筛选的订单打印出来,拣选人员根据规划好的拣选路径进行拣货。

波次策略主要用于采用播种式拣货方式时。系统根据波次策略生成波次拣货单,拣货人员先根据波次拣货单拣货,再将商品转移到分拣区进行二次分拣作业。在波次汇总中,有一单一件和一单多件两种情况,一单一件是指一个订单只包含一件商品,而一单多件是指一个订单包含多件商品,因此在拣选后的汇总环节,一单多件主要是根据播种拣货策略,将不同的商品分到不同的订单中去。

在自动化仓库中,待分拣的料箱或托盘排队出库,经拣选设备和快速输送系统被输送至拣选工作站,工作人员按照电子标签信息分拣货物,经扫码复核后放入订单包装。分拣出库是"货到人"拣选方式,拣货员无须走动,提高了订单拣选效率。

5) 包装出库作业流程

商品拣选完成以后,拣货员将完成拣选的拣选车送至包装区,由包装人员根据订单核对包裹中的商品数量、种类及质量,若无误则封箱送出;若出现问题,则将货品放置在问题处理集中区。图2-1为某电商零售仓储作业流程示意图,通过此流程图可以了解一个仓储中心的货品在收货入库作业、上架与下架作业、拣选作业、包装出库作业四大流程下的各个环节。

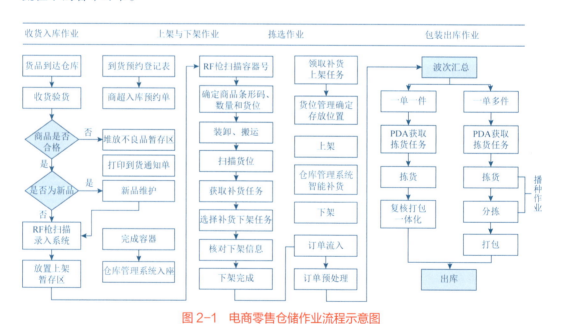

图2-1 电商零售仓储作业流程示意图

需要特别说明的是,在电商类型的仓储中心,拣货完成后需要进行播种作业,一单多件的订单需要进行分拣、复核后再进行打包作业。一单一件的汇总单直接进行复核打包一体化操作。

2. 仓内典型的物流动线

仓库区域动线设计的原则是避免路线迂回，防止无效搬运。另外，需要注意路线不交叉，避免动线冲突、搬运不安全。

最佳的动线设计需要根据行走距离最小原则进行精确的计算，但是由于方法复杂而且缺乏准确、充分的数据，所以在实际操作中往往根据货物整体的进出货物特性选择合适的动线模式。

智能化仓库在运输周转、存储方式和建筑设施等方面都重视通道的合理布置、货物的分布方式和堆积的最大高度，并配置经济、有效的自动化存区设施，选择合适的拣选策略，结合仓储布局选择最适宜的物流动线，提高工作效率。常见的物流动线类型有以下几种。

1) I 形物流动线

出货和收货区域在仓库的不同方向的情况下，一般会采用 I 形物流动线，即直线式物流动线。I 形物流动线的特点是可以应对进出货高峰同时发生的情况，常用于接收相邻加工厂的货物的情况，或使用不同类型的车辆来出货和发货的情况。

I 形仓储中心拥有独立的出、入库月台，分别分布在仓储中心的两旁，直入直出。由于 I 形仓储中心的运作流向是直线式的，各运作动线平行进行，因此无论是人流还是物流，相互的碰撞交叉点相对来说是最少的，可降低操作人员和物流搬运车相撞的可能性。I 形物流动线如图 2-2 所示。

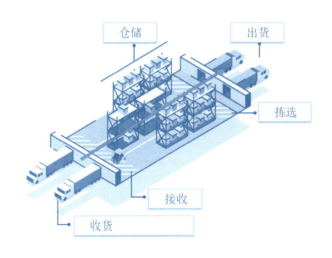

图 2-2 I 形物流动线示意图

I 形物流动线存在的最大问题是出、入库月台相距较远，会增加货物的整体仓内路线，降低效率。但是由于直线式流程较为简单，操作人员比较容易适应，可以弥补该方面的不足。此外，由于出、入库月台分布在仓储中心的两旁，需要最少两队保安小组负责两个月台的监管,增加了人员投入及运营成本。

I形物流动线特别适合一些快速流转的货物,适合集装箱或货物转运业务。

2) U形物流动线

U形物流动线适用于同一侧有相邻的入库月台和出库月台的仓库环境。U形物流动线的特点包括:①码头发货运输的最佳方式;②适合进行越库作业;③使用同一通道供车辆出入;④易于控制和进行安全防范;⑤可以在建筑物的三个方向进行空间扩张。U形物流动线如图2-3所示。

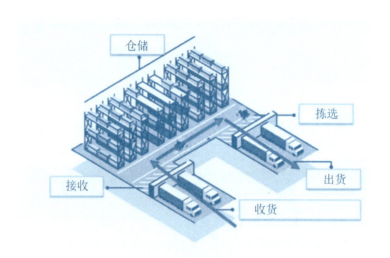

图2-3 U形物流动线示意图

采用U形物流动线的仓储中心各功能区的运作范围经常重叠,交叉点也比较多,会降低运作效率。另外,由于进出仓储中心的货物在同一个月台上进行收发,容易造成混淆,特别是在繁忙时段及处理类似货物的情况下。由于U形仓储中心的出、入库月台集中在同一侧,只需要在仓储中心其中一侧预留货车停泊及装卸货车道,不仅可以更有效地利用仓储中心的外围空间,也可以集中进行货台管理,减少货台监管人员数目。

3) L形物流动线

需要处理快速货物的仓库通常采用L形物流动线,L形物流动线可以把货物出入仓库的路线缩至最短,可以应对进出货高峰同时发生的情况,并且适合进行越库作业,可同时处理"快流"及"慢流"的货物。

L形物流动线的限制之一是除了L形流向范围内的货物外,其他功能区的货物的出入效率会相对降低。因此,采用L形物流动线的仓库通常同时处理"快流"及"慢流"的货物,把"快流"的货物存储在L形流向范围内,把"慢流"的货物存储在L形流向范围外,按货物的搬运频率有效利用仓储中心的各功能区。L形物流动线如图2-4所示。

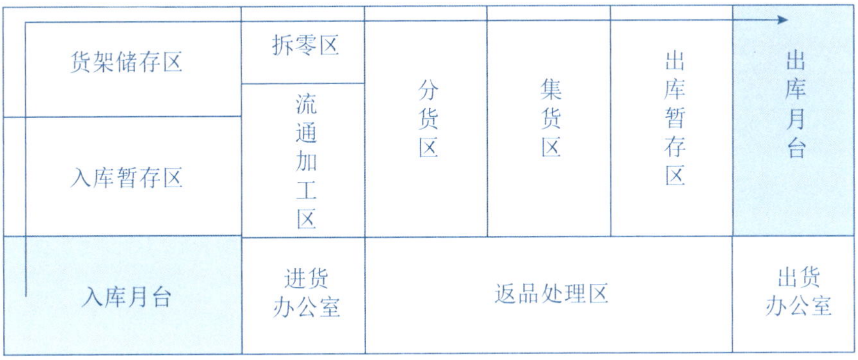

货架储存区	拆零区	分货区	集货区	出库暂存区	出库月台
入库暂存区	流通加工区				
入库月台	进货办公室	返品处理区			出货办公室

图 2-4 L 形物流动线示意图

以上三种动线是典型的仓内物流动线，物流动线的核心就是确定货物的摆放位置，让货物在仓库内的移动路径尽可能短、直接、不重复，提高移动效率。物流动线要根据具体仓库的结构、货物的种类来设计，没有固定的标准。在某些仓储中心，还有 S 形、Z 形物流动线，这里不再做单独介绍。

总体来说，仓储中心采用哪种物流动线，主要考虑服务时间要求、准确率要求、成本要求等，还要按一定的顺序确定拣货策略才能使其复杂程度降到最低。企业要根据自身的硬件和软件的条件，选择最适合自己的物流动线，从而提高效率、降低成本。

三、实施方法

1. 库内作业流程规划要点

库内作业流程包括一般作业流程和特殊作业流程。

1) 一般作业流程的规划要点

在仓储中心作业流程规划过程中，一般作业流程都有一些必须考虑的要素和规划的要点，各作业流程及规划要点如表 2-1 所示。

表 2-1 一般作业流程的规划要点

作业流程	规划要点
收货流程	车间入库、外地入库约仓、原辅料收货、包材收货、月台分配、验收、二次加工处理(换标签、塑封)等
上架流程	重点考虑搬运方式、商品上架流程、交接及异常处理、库存增加策略
存储流程	重点考虑不同库存量、不同物理和化学特性、不同关联度等商品的分类存储方式和存储策略
补货流程	重点考虑形成补货任务的策略和补货动线，尽量减少紧急补货
拣货流程	重点考虑不同类别的拣选方式、商品输送方式、拣货路径优化、下发领取策略、拣货密度优化
ToC 复核包装流程	订单输送至复核台的分配策略(分拣方案)、面单/发票发货标签打印、复核包装台的设计和员工作业动作的设计、自动包装、自动贴码、包装耗材存储与补货

续表

作业流程	规划要点
分拣流程	分拣设备对ToC、门店、调拨三种业务订单包裹的适用性、包裹分拣码（发货标签）识别、供包方式、多包裹订单的合流问题、与生产物流的衔接等
发货流程	包裹暂存（容器形式、数量和占地面积）区域、第三方快递包裹的处理、发货波次
理货/盘点流程	货位及商品整理、库区垃圾清理与收集、实时动态盘点与静态盘点、商品报损、盘亏盈
调拨流程	发货流程、收货及上架流程、系统库存转移策略、内配商品在途监控方法
逆向物流流程	未妥投订单退库流程（由配送车辆从配送站点返程时运回，需要考虑退货车辆园区移动动线和商品返架动线）和外购生产使用商品退供应商流程
异形品/赠品处理流程	异形品/赠品的独立存储区域与货架形式、订单出货（拣选、输送、复核/包装、分拣、发货）的手工处理流程
移库（位）流程	重点考虑由于库存量或商品ABC分类属性变动引起的储位调整的作业流程和库内物流移动路线

2) 特殊作业流程的规划要点

(1) 大宗/加急订单处理流程：大宗订单的系统筛选逻辑、出货作业的系统和操作流程、物流动线。

(2) 应急作业规划流程：包含设备和电力故障引起的应急作业流程。

(3) 其他作业流程：耗材管理、容器管理、废纸箱回收、新增业务流程等。

2. 分析现有作业流程的问题

由于仓储中心的规划需要考虑物流、人流的动态性，以及物流强度等，因此在对已有仓储中心的升级改造中，应对仓库现有流程进行重点分析，包括订单处理流程、库内作业流程的分析。

订单处理的最终目的是实现企业的客户服务目标，包括产品和物流的服务目标。

物流服务中，订单处理策略是由对企业库存战略（销售预测、仓储基础信息、库存决策、采购与供应决策、仓储决策）、选址战略等影响性战略进行分析而得出的。

订单处理流程的分析主要从订单处理过程和影响订单处理时间两方面进行逐项分析。

库内作业流程包括收货流程、在库流程、出库流程、分拣发货流程及其他辅助流程。库内作业流程分析是结合工艺设计方法，进行整体人员配置、人员/设备操作流程分析。

3. 流程优化

在仓储中心规划项目中，很多都是现有仓库流程优化和改造项目，需要在现有流程的基础上分析现有模式的优缺点，运用流程分析方法进行合理规划，对关键环节进行流程优化，提供流程优化方案，缩短订单时间，提高工作质量和效率。

由以上仓储中心流程及动线优化的对比可以看出，在大型仓储中心升级改造过程中，一般都在解决实际运营过程中发现的问题的基础上不断进行流程优化，结合流程选择适合的设备，规划匹配流程的布局方式，来整体提升仓储作业的效率。仓储作业流程优化方案如图 2-5 所示。

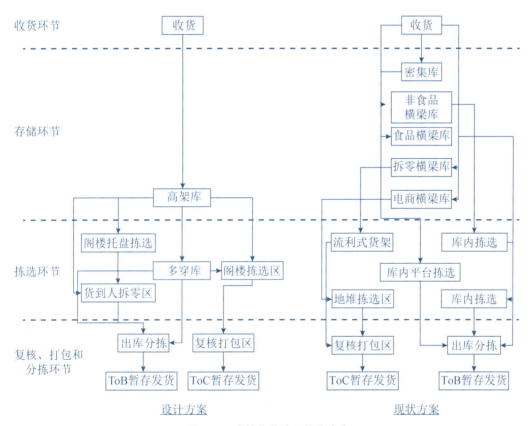

图 2-5　仓储作业流程优化方案

四、任务实施

● 任务背景

某商贸公司主要经营农贸产品及日常百货，进行当地农副产品加工及电商线上销售，同时作为本地二级代理商，给周边商户、便利店配送部分百货商品。公司成立初期，整体业务量较低，在市区租赁 $300m^2$ 的店面作为经营场所。随着近几年电商业务的发展，公司业绩越来越好，线上及线下订单量双双攀升，公司计划筹备自己的物流仓库为未来业务继续增长提供支持，前期租赁 6 000m² 的仓库，需要满足 105 家便利店配货需求及部分少量电商业务的配送需求。便利店配送的品项需求为：1 800 个，其中整箱 450 个，拆零 1 350 个；电商业务品类大概 200 个，每天出库订单约 3 000 单。初期经营采用纯人工作业模式，随着招人难及用工成本的增加，公司希望引入自动化设备以代替人工，提升作业效率并控制成本。物流中心仓库平面图如图 2-6 所示。

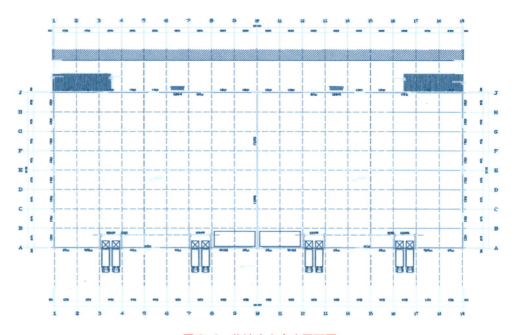

图 2-6 物流中心仓库平面图

本任务需要完成如下工作：
(1) 根据业务需求设计解决方案；
(2) 基于仓储作业流程优化解决方案。

● 规划过程

1. 规划考虑因素

根据业务对物流中心进行功能分区时，需要考虑如下因素。

(1) 在选定储区时，电商线上业务与渠道代理线下业务两者尽可能分开作业，故将仓库当前布局（整体库房分为 2 个消防分区，每个分区 3 000m²）一分为二，一半做电商存储及生产区域，另一半做线下仓储及配送区域。

(2) 电商与百货配有可能为同一客户，需要考虑两者装车汇总的可行性。

(3) 针对用工难的问题，需要考虑性价比高的自动化设备选型。

(4) 结合电商业务及线下便利店配送业务，需要设计良好的运营动线。

2. 电商运营方案设计思路

分析电商订单后发现，热销商品有 30 多个，占了订单 80% 的出库量，这部分农产品在包装环节需要大量人力，同时包装效率低下，是用工较多的环节。结合人们的采购习惯，综合优化包装规格，简化热销品的包装形式，以便采用自动化包装系统。

包装定型后，针对规整包装进行外包的适配，形成自动包装后的自动码垛条件，这样可以大大提升作业效率及包装的准确性，同时节约耗材，实现业务效率的提升及成本的降低。

另外，在生产环节可以针对发货单品较高的类目投入拣货机器人，实现货到人拣选，进一步压缩拣货人员数量，同时实现作业效率的提升。

综合以上分析，针对电商业务提供了自动包装及码垛系统，同时配套 AGV 货到人拣选系统，实现提高作业效率与降低成本的目标。

电商区平面布局如图 2-7 所示。

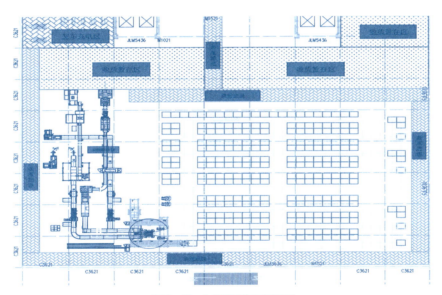

图 2-7　电商区平面布局图

图 2-7 中，左侧区域为农副产品自动称量/包装/码垛系统，与 AGV 货到人系统配合，码垛完成后由 AGV 自动搬运到储区，需要出库作业时，AGV 将货架驮到人工拣选区完成货到人拣选作业。

3. 线下运营方案设计思路

线下业务主要面向便利店和部分企业代理，便利店要货特点为品种散、量小，频次要求也不是很高，日配、三日配、周配灵活性较高，所以不适合采用自动化设备，因此采用传统人工拣选模式。

分析经营品类后发现，酒水、饮料、小家电等商品的外形都比较规整，同时来货量也较大，需要较大的存储面积，为了有效利用仓库面积，考虑采用高位货架进行存储。

其他日用百货、五金等商品的形态不规则，量不是很大，放入货架难度较大，同时拣选效果也不太好，最后采用地面存储的形式进行堆放，这样存储和拣选都比较方便。

综合以上分析，线下仓配区平面布局如图2-8所示。

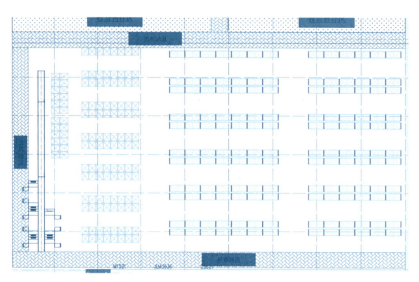

图2-8　线下仓配区平面布局图

图2-8中，左侧为不规则日用百货、五金存储区域，右侧为高位横梁货架，根据商品不同形态进行分区存储，高位货架实现上存下拣货的目的。

4. 最终设计方案

整体仓库最终设计平面图如图2-9所示。

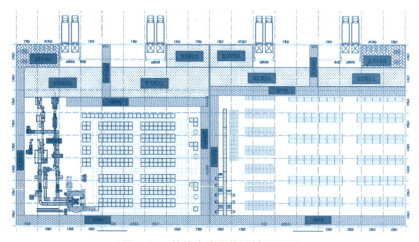

图2-9　整体仓库最终设计平面图

5. 设计方案优化说明

方案设计完成后,与公司业务部门沟通,结合实际的经营需求对前期方案做出如下优化和调整。

(1) 电商区域有部分商品拣货数量较低,拣货频次较高,AGV 搬运次数较多,拣选效率较低,除了部分可以合单拣选的,将拣货特征不明显的商品放置在线下部分的地堆区,实现人工拣选再集合,整体提升拣货效率。

(2) 在 AGV 对接区域,如果 AGV 发生故障,人工与 AGV 互相切换有安全隐患,建议增加异常排出口,提升系统的稳定性。

结合以上分析,除了对软件系统进行提升,在 AGV 对接环节对图 2-10 所示布局进行了优化,如图 2-11 所示。

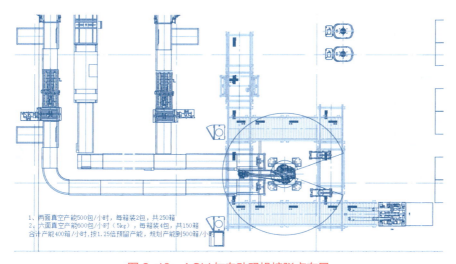

图 2-10　AGV 与自动码垛接驳点布局

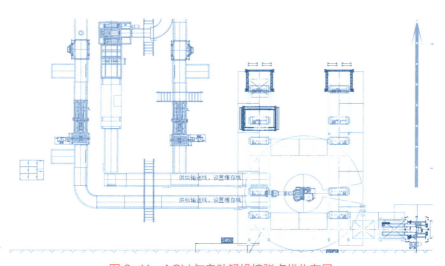

图 2-11　AGV 与自动码垛接驳点优化布局

最终优化后的整体布局如图 2-12 所示。

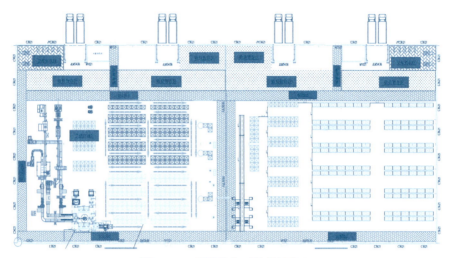

图 2-12　最终优化后的整体布局

五、任务总结

仓储中心的一般作业流程在"仓储管理"相关课程中已经做了介绍，本任务的重点在于通过对一般作业流程的简单介绍，从仓储规划的角度说明流程规划的相关要素，包括结合仓库的平面布局对仓内物流动线进行设计。在仓储中心的项目规划中，并不能孤立地规划仓内作业流程本身，而应从全局的角度统筹考虑与流程相关的规划内容，如采用什么布局方式，设备如何选择，如何使流程达到最优。因此，本任务从流程规划的角度说明了在此环节需要综合考虑的要素，以及一般作业流程规划下的物流动线。

本任务中，结合仓内作业流程以及仓内平面布局、设备布局和现场条件，综合考虑多重因素，统筹所有的规划要素，整体设计规划方案。因此，本任务的设计内容从面向的学习对象出发，将仓储规划中的流程设计作为重点学习内容，帮助学习者综合理解并掌握流程规划的重点及难点。

任务二　仓内拣货路径规划

● 知识目标

1. 拣选与分拣的概念及差异。
2. 拣选的分类。
3. 拣货作业流程。
4. 拆零拣选的主要模式。

● **技能目标**

> 1. 能够辨别摘果法与播种法的应用场景。
> 2. 能够选择匹配的拣选策略。
> 3. 能够设计适宜的拣货路径。

一、任务描述

随着仓储电商类业务的快速发展，单个订单的订货量越来越小，订单拣选方式多种多样，拣选逻辑相对于生产制造类传统仓库来说更为复杂，电子商务业务的快速发展使拆箱分拣成为常态。因此在仓内作业的所有流程中，订单拣选越来越受到仓储行业的关注，成为提高作业效率的重要环节。

在传统非自动化仓库或仓储中心，分拣一直被认为是劳动最密集、成本最高的环节，同时也是很多企业降低仓储成本与提高生产力优先考虑的因素。在当前同时面向 B 端和 C 端客户的电子商务企业越来越多的情况下，客户时效成为提高客户满意度的重要评价指标，例如"211限时达"是京东物流的标准配送服务，在京东商城购买商品，当日上午11：00前提交的现货订单（以订单出库后完成拣货的时间为准，下同），当日送达；晚上23：00前提交的现货订单，次日15：00前送达。这样的高标准送达时效服务也是客户信赖京东商城，频繁在京东下单的重要保障。而高标准送达时效服务是以京东在仓储网络和仓内运营方面的高效工作作为保障，以最精准、最快的方式拣选出客户订单中的商品，并在离客户最近的仓库发出客户所订购的商品。

本任务的重点内容是对仓内作业流程中最重要的一环——拣货路径进行规划，具体介绍智能时代的拣选方式、拣选技术及拣选作业的规划方法。

在本任务中，依托任务实施中的任务需求，完成如下工作：
(1) 进行仓储中心作业流程梳理；
(2) 确定仓储中心的拣货策略。

二、必备知识

1. 拣选的概念

拣选作业是仓储中心劳动最密集、耗时最多的环节。经常有人会把"拣选"和"分拣"两者混淆，实际上"拣选"和"分拣"是两个完全不同的概念。拣选是仓储中心的配货人员按订单要求的商品名、规格、型号、数量，将商品从存储的货架或货垛中取出，搬运到理货区的过程。分拣是将商品按照不同的客户、不同的配送路线进行分类、集中、装车的输送过程，主要用于货物的出库及货物中转、分拣、输送，是物流系统中出库发货前最关键的环节之一。通俗地说，分拣是把混在一起的货品分开，拣选是从混在一起的货品中把需要的物品选取出来。

拣选技术是整个拣选作业的真正核心。拣选技术的选择，会影响每种拣选方式最终在拣选效率上的表现。拣选技术可以按照订单、批次或流程进行分类。例如，批次拣选技术可以支持单人拣选、多人同时拣选和多人分区拣选，该拣选技术适用于仓储拣选作业区面积比较大，同时每个订单的订单行比较少的情况。在制造行业，拣选是主要的备料方式，常用于仓储或线边。在零售及电子商务行业，拣选主要是按照客户订单拣选单品。

2. 拣选的分类

拣选可以按照其所处的生产环节和所采用的技术手段两个维度来进行分类。

1) 按照所处的生产环节分类

(1) 仓储拣选。仓储作业是保障生产制造各环节所需物料货品及时、准确、有效供给的重要手段，也是各制造企业一直试图削减成本的关键环节。拣选是仓储作业最核心、最占成本的作业单元。人工仓储拣选如图 2-13 所示。

图 2-13 人工仓储拣选示意

据相关数据显示，在传统的人工仓储作业中，拣选作业成本占仓库运营成本的 30%～50%，拣选人员数量占仓储作业人员数量的 60% 以上，而拣选人员 70% 的作业时间都用于移动，只有 30% 的作业时间用于拣选货品。这也是为什么近年来货到人拣选方法备受关注，并出现了"货到机器"拣选的研究趋势。

(2) 线边拣选。线边拣选是面向生产制造企业的拣选方式。生产制造企业的每个加工环节以及上下游加工工序转换过程中，都必须进行物料的组织。因此，线边拣选是生产物流过程中不可或缺的一环。根据生产制造企业组织形式的不同，线边拣选可以分为离散制造线边拣选、流水线制造线边拣选和单元制造线边拣选等多种类型。和仓储拣选不同，线边拣选的作业对象相对单一，搬运距离相对较短，作业人员/设备相对较少。但是线边拣选直接关系加工的效率和质量，也是确定在制品库存的重要因素和确定生产周期的重要占时成分。

2) 按照采用的技术手段分类

(1) 手持 RF/PDA 拣选。手持 RF/PDA 拣选是目前最常见的拣选方式，人员使用手持设备扫描条形码获取信息完成拣选作业，该方式无须无线网络覆盖整个拣选作业区。拣货位商品可以是一位一品，也可以是一位多品。拣选准确性较高，造价和维护成本较低，灵活性强，但该拣选方式要求拣选人员熟悉货位位置。手持 PDA 拣选如图 2-14 所示。

图 2-14　手持 PDA 拣选示意

(2) 语音拣选。语音拣选技术近年来已经非常成熟，且应用越来越广泛。语音拣选系统会将仓储管理系统的指令转化为语音播报给作业人员，作业人员根据语音应答来确认拣选作业的完成。其最大的优点是通过耳机等可穿戴设备，解放了拣选作业人员的双手，适合大件商品拣选、冷库环境拣选等。

(3) 灯光拣选。灯光拣选是一种基于 SKU 管理的拣选方式，市面上常见的灯光拣选技术大多结合电子标签使用。在每个货位安装提示灯，指示操作人员达到哪个货位、拣选什么货品、数量是多少。该技术适用于小型商品拣选，拣货位固定，一位一品。其优势是效率和准确率高，不依赖员工的熟练程度，但布局建设完成后不易更改。

(4) AR 视觉拣选。目前，AR 视觉技术已经开始应用于仓储作业。员工佩戴增强现实眼镜，由眼镜的导航功能导航至拣选货位，所有的作业信息全部投影在眼镜上。AR 视觉拣选与语音拣选一样，解放了拣选作业人员的双手，同时又具备条形码复核能力，保障拣选质量与库存数据同步。目前，AR 视觉拣选技术已在国外投入测试使用，国内还鲜有应用。

(5) AS/RS 拣选。AS/RS(automatic storage & retrieval system，自动化立体仓库) 拣选是借助仓储管理系统、仓储控制系统技术，通过堆垛机、穿梭车从高位货架按订单需求拣选，也可以利用旋转货架拣选。这种方式更加节省人力，且高效、精准，但初期的基建成本、设备成本投入大,建成后不易改造,并对货物包装、货品的品类有一定的限制。

(6) AGV 拣选 / 类 Kiva 机器人拣选。在自动化设备中,拣选和搬运的功能经常由同一自动化设备承担。使用 AGV 拣选小车完成拣选及搬运作业时,AGV 拣选小车根据系统指令,自动导航到商品位置停泊,通过车载显示终端告诉拣选人员被拣选商品的位置和数量。也有企业使用类 Kiva 机器人拣选,机器人接到拣货指令后,找到指定的货架,并将该货架运送到指定的拣选台,这是典型的货到人的拣选方式。

除此之外,目前还有不少拣选方式在制造行业得到应用。例如基于工位的货到人拣选,将货物自动运送到拣选工位上,能减少举升、弯腰和伸展之类的单调而又繁重的工作,同时可提升效率;在自动拣选区中,由自动拣选机或机器人承担订单处理任务,这种拣选方式在标准拣选流程中不需要人为干预,适合高性能应用场景或者要求质量和处理能力长期稳定不变的情况。此外,还有利用传送带拣选、高架拣选等多种方式。

3. 拆零拣选模式

拆零拣选的字面意思为拆件拣选,对应整件拣选。拆零拣选是仓储中心最复杂的作业环节,也是人工成本占比最高的环节,拆零拣选方案的合理性将直接决定整个仓储中心的运营成本和效率,如何规划合理的拆零拣选方案,是仓储中心规划的重中之重。

仓储中心的一个订单行一般可拆分为两部分:够整箱部分和不够整箱部分(也称为拆零部分)。一般情况下,够整箱部分的拣选可在整箱区单独进行,拆零部分则要求与订单的其他行的零头合并拣选,并组合成箱。这种关于拆零部分的拣选,包括组箱和包装过程,统称拆零拣选作业。

拆零拣选作业广泛存在于医药、零售、图书、服装服饰、化妆品、烟草等行业的仓储中心。拆零拣选作业在不同的仓储中心所占比例有很大差异,例如,在以大卖场配送为主的零售业仓储中心,其工作量占整个配送量的比例为 5%~8%,但在 B2C 电子商务仓储中心,其工作量所占比例会高达 99%。

不同于整件拣选,拆零拣选作业耗时耗力,但以拣选数量作为衡量标准的效果却不好。在每天的实际作业中,订单中拆零拣选作业的行数往往高达数万甚至数十万,而折合箱数却很少。拆零拣选是仓储中心作业成本上升的重要原因之一。正因为如此,拆零拣选技术在仓储中心备受关注。如何提高拆零拣选效率,成为提高仓储中心总体作业效率的关键问题。

拆零拣选被公认为物流行业最复杂的仓内作业场景,在京东"亚洲一号"上海无人仓中,京东物流有 50% 的技术创新应用于拆零拣选,涉及货物拾取、订单异常处理、单个订单拣选、多个订单拣选等环节。

按照自动化程度的不同，拆零拣选可以分为全自动拣选和人工拣选两大类。全自动拣选是完全由自动化设备完成的拣选，拣选和装箱过程无须人工干预；人工拣选则需要人工最后从货架上或载体（周转箱、纸箱、托盘等）中完成拣选工作。

根据拣选的基本特点，可以将拣选分为人到货拣选和货到人拣选两大类。

1）人到货拣选

人到货拣选是传统的人工拣选方式，有很多种实现方式，其中主要有摘果式拣选、播种式拣选。每种拣选方式均有多种拣选技术支撑，如拣选标签、DPS 电子标签、RF 手持终端、语音辅助、输送设备等。

2）货到人拣选

拣选技术的智能化主要体现在以下方面。

(1) 拣货方法的智能化，如机器拣选，以及 RFID、VR、二维码、PTL 等辅助拣货方法。

(2) 物品输送技术，如可以采用堆垛机、AGV、输送带等方式。图 2-15 所示为基于 Kiva 机器人的货到人拣选示意。在该场景中，Kiva 机器人接到拣货指令后，找到指定的货架，并将该货架运送到指定的拣选台（W1～W4），供拣货员拣货。

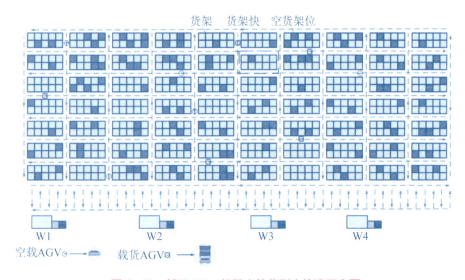

图 2-15 基于 Kiva 机器人的货到人拣选示意图

货到人拣选技术的一般原理：在计算机系统的控制下，利用堆垛机、输送机系统完成周转箱或者托盘等载体的快速搬运，把货物载体送到拣选人员面前，并设置 DPS 电子标签辅助拣选系统，从而完成整个拆零拣选操作。

货到人拣选的速度不仅取决于堆垛机和输送机的总体能力，也取决于计算机系统的调度能力。一般情况下，货到人拣选的速度是普通人工拣选的 3～5 倍。

三、实施方法

1. 确定拣货流程

由于电商零售 C 端市场的配送需求越来越大,拆零拣选成为常态,商品送达的及时性也成为客户下单购买的重要决定因素。在拣货规划中,首先需要确定拣货流程,确定拣货流程需要考虑的重要因素就是如何迅速地把不同种类和数量的商品按订单要求集中起来,这就是拣货作业的任务。

整个拣货流程从收到订单就开始了。仓库管理系统接收订单后就开始选择拣货流程,确定拣货策略,从而进行拣货路径规划,按照拣货路径对订单货品进行拣取,分类集中后发货,如图 2-16 所示。

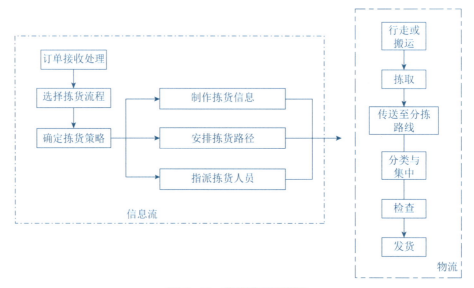

图 2-16 拣货流程示意图

2. 拣货分区规划

拣货分区是指将拣货作业场地按照不同标准做区域的划分。拣货作业场地可以按照拣货单位、物流量、工作区域、货物特性、拣货设备等进行区域划分,具体介绍如下。

1) 按照拣货单位分区

按照拣货单位的不同,可以将拣货区划分为整箱拣货区、单品拣货区等,每个区域和存储单位的分区是一一对应的关系,这样的划分可以方便拣货员进行拣取和搬运工作。按照拣货单位在同一存储区内分区时,要统一存储单位与拣货单位的分类,比如以箱、托盘等为拣货单位,以方便将拣取与搬运作业单元化,将拣取作业单纯化。

按照拣货单位分区可以通过减少拣货员不必要的行走量来提升工作效率。

2）按照物流量分区

按照物流量分区时，首先按照各个商品出货的数量以及拣取工作的次数进行分类，然后根据各个组群的特征选择合适的拣货设备及方法。

3）按照工作区域分区

整个拣货流程在使用相同拣货区域的情况下，可划分为不同的工作子区域，由专人进行负责。每组人员只要负责自己的拣货区域，熟悉自己所负责区域的货品的储位。按照工作区域分区时，可先划定工作分区的组合并预计其拣选能力，再计算所需的工作分区数：

$$工作分区数 = 总拣选能力需求 / 单一工作分区预估拣选能力$$

4）按照货物特性分区

按照货物特性分区时，可以根据外形尺寸的不同分成大件区、散件区、成件区，根据存储条件的不同分为冷冻区、冷藏区、常温区，根据出货频率的不同分为快速流转区和慢速流转区。

5）按照拣货设备分区

按照拣货设备分区，即在同一拣选单位分区内按照拣选方式或设备的不同进行分区，如电子标签货架拣选区、RF拣选区、台车拣选区等。

3. 选择拣选设备

拣选作业过程中，需要根据存储设备及业务量的大小选择适用的拣选设备，一般有以下几种形式。

（1）人力拣选＋手推作业车拣选。人力拣选可与普通货架配合，也可与重力式货架配合，按单拣货。人力拣选主要适用于拣选量较少，拣选物的个体重量轻，且拣选物体积不大、拣选路线不太长的场景，适合拣选化妆品、文具、礼品、衣物、小工具、少量需求的五金、日用百货、染料、试剂、书籍等商品。

（2）机动作业车拣选。拣选员操作拣选车为一个用户或几个用户拣选，车辆上分装拣选容器，拣选的货物直接装入容器，在拣选过程中就进行了货物装箱或装托盘的处理。机动作业车拣选适用于拣选路线较长的场景。

（3）传送带拣选。拣选员固定在某货位前，不进行巡回拣选，只在附近的几个货位进行拣选操作。在传送带运动过程中，拣选员按指令将货物取出放在传送带上，或置于传送带上的容器中，传送带运动到终点时便配货完毕。进行传送带拣选作业时，根据实际作业需求，可以选择拣选分区作业方式，不同的拣选人员只负责所分配范围内的拣选任务，避免单人的大范围行走，以免降低拣选效率。

（4）旋转式货架拣选。拣货员位于固定的拣货位置，按用户的配送单操纵旋转货架，待需要的货位回转至拣货员面前时，则将所需的货拣出。这种方式介于订单拣选方式和批量拣选方式之间，但主要是按订单拣选。旋转式货架拣选适用领域较小，只适用于旋转货架货格中能放入的货物。由于旋转式货架动力消耗大，一般只适合仪表零件、电子零件、药材、化妆品等小件物品的拣选。在人工拣货区，不同类型的货品及匹配设备如表2-2所示。

表2-2 不同类型的货品及匹配设备

仓储区域	仓储方式	上架的设备	拣货的设备
大件区	横梁货架	电动叉车	电动叉车
金属零件物料	轻型货架	双层手推车	双层手推车
中件区域	中型货架	双层手推车	双层手推车
小件区	轻型货架	双层手推车	双层手推车
化学品区	轻型货架	单层手推车	单层手推车
叉车操作件区域	横梁货架	电动叉车	电动叉车

4. 拣货路径规划

1) 确定拣货策略

常见的拣货策略有摘果式拣选、播种式拣选。摘果式拣选与播种式拣选都主要应用于拆零拣选的拣选方式。

（1）摘果式拣选。摘果式拣选针对客户的每一个订单进行拣选，拣货人员或拣货设备巡回于各个货物储位，将所需的货物取出，形似摘果，因此叫作摘果式拣选。其特点是每人每次只处理一次订单，是较为传统的拣货方式，效率较低。

应用电子显示标签进行摘果式拣选时，一般要求每个品种的货物（货位）对应一个电子显示标签，计算机系统可以根据货位位置和订单数据发出出货指示，并使货位上的电子显示标签亮灯，操作员根据电子标签所显示的数量，及时、准确地完成拣货作业。

摘果式拣选的优点：①作业方法简单，订单处理前置时间短；②针对紧急需求，可快速拣选；③订单导入简单且弹性大，对机械化、自动化没有严格要求；④作业人员责任明确，派工容易、公平；⑤拣货后不必再进行分拣作业，适用于大量、少品种订单的处理。

摘果式拣选的缺点也非常明显。例如，拣货区域较大时，搬运系统设计困难；商品品种较多时，拣货行走路径加长，拣货效率降低。摘果式拣选适用的场景：①用户不稳定，波动较大，不能建立相对稳定的用户分货货位，难以设置稳定的分货线。在这种情况下，宜采用灵活、机动的摘果式拣选。用户较少时或用户较多时都可采取这种拣选方式。②客户所下订单的共同需求较少，订单货品差异很大，在这种情况下，统计用户共同需求合流再分流的情况难以实施,适合采用摘果式拣选。③用户需求的种类太多,增加了统计和共同取货的难度,采取其他方式则配货时间太长,而利用摘果式拣选进行配货能简化操作。④用户配送时间要求不一,有紧急的,也有限定时间的。采用摘果式拣选可有效地调整拣选配货顺序,满足不同的时间需求,尤其对于紧急的即时需求更为有效。因此,即使在以其他摘选方式为主的情况下,仍然需要辅以摘果式拣选。

(2)播种式拣选。播种式拣选是把不同客户的多份订单集合成一批,把这些订单中的同品项商品进行集中拣选汇总,再将汇总后的品项商品按照订单需求进行分货,形似播种。这是一种高效的拣选方式,其基本原理是首先打破订单的概念,先以物品为目标完成拣选(称为摘果),然后再按照订单完成播种。

播种式拣选在订单数较多、拣选品种相对集中的仓储中心应用广泛。目前在B2C电子商务应用中,播种式拣选是主要的拣选技术。B2C电子商务企业每天动辄数万个订单,拆零率达到99%以上,如果按照单个订单进行摘果式拣选则非常困难。

应用电子显示标签的播种式分拣系统,其每个电子标签货位代表一张订单,操作员先通过扫描条形码把将要分拣的货物的信息输入系统中,需要货物的货位所在的电子标签就会亮灯,同时显示该位置所需分货的数量。载有单一品项货物的拣货人员或设备,巡回于各个客户的分货位置,按电子标签显示数量进行分货。播种式拣选平面布局如图2-17所示。

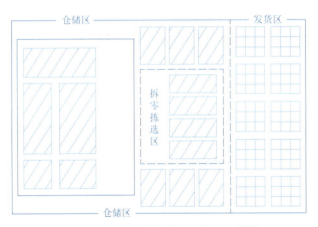

图2-17　播种式拣选平面布局示意图

表2-3所示为不同拣选方式的优劣势及应用场景。

表2-3　不同拣选方式的优劣势及应用场景

分拣方式	优　势	劣　势	应用场景
摘果式拣选	• 作业方法简单; • 订货前置时间短; • 作业弹性大; • 作业人员责任明确,作业容易组织; • 拣选后并不必再进行分类作业	• 货品品种多时,拣选行走路径加长,分拣效率降低; • 拣货单必须配合货架货位号码	多品种、小批量订单

续表

分拣方式	优 势	劣 势	应用场景
播种式拣选	• 合计后拣货，效率较高； • 盘亏较少	• 所有种类实施困难； • 增加出货的分货作业； • 必须全部作业完成后，才能发货	少品种批量出货且订单的重复订购率较高
整合摘果式拣选	—	—	一天中每一订单只有一种品项
复合拣选	—	—	订单密集且订单量大

2) 选择拣货路径

拣货路径是指在一个货位固定的仓库中，确定需要拣货的品项后，按照批次订单上货品的先后顺序进行拣货工作。拣货路径越短越好，以节省时间、提高效率。拣货路径需要结合整体仓库内作业流程动线以及拣货区的拣货货架布局进行规划。

近年来，随着众多互联网平台的快速发展，电子商务已成为与实体店铺并存的主流消费模式。订单的规模越来越小，单品购物成为常态意味着电商仓库的拆零拣选成为主流拣选模式，小件拆零拣选和分拣成为与传统B2B业务托盘拣货、箱拣货并存的拣货模式。虽然当前自动化的拣货和分拣系统都已经在智能化仓储中心应用起来，但是完全的无人化仓库还没有普及，半自动化操作是当前智能化仓储的普遍状态，有很多末端环节还需要人工完成。仓储拣货是一项非静态、非一次性的活动，手动人工拣货在智能化仓储中心仍然是重要的规划内容。在策划拣货策略的时候，可根据实际情况考虑如下拣货路径。

(1) 穿越式拣货路径（见图2-18）。穿越式拣货路径简单且易执行，很多仓库都有应用，尤其适合拣货密度高的情况。采用穿越式拣货路径时，从通道一端进入，拣货人员同时拣取通道两侧货架上的物品，最后从通道另一端离开。返回出入口之前，拣货人员会走遍所有包含拣取位置的通道。由于行走路径形似S，因此又称为S形拣货路径。当被拣货品分布的巷道数为偶数时，穿越式拣货路径必须穿越每个包含被拣品的巷道；当被拣货品分布的巷道数为奇数时，除最后一个被拣品所在的巷道外，其余巷道均需要被穿越。因此，穿越式拣货路径中，在拣货巷道内行走的距离完全取决于被拣品分布的巷道数。

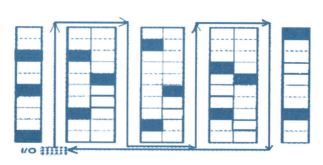

图2-18 穿越式拣货路径

(2) 回转式拣货路径（见图2-19）。在回转式拣货路径中，拣货人员从拣货通道一侧进入，先沿通道拣取一侧货架上所需货品，当一侧货架上货品拣取完毕，就返回开始拣取另一侧货架上的货品，最后从进入通道的一端离开。拣货人员只需要进入包含拣取品的通道，不包含拣取品的通道可以跳过。

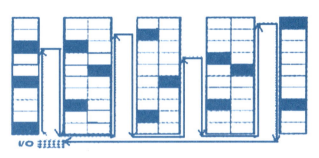

图 2-19　回转式拣货路径

采用回转式拣货路径，若要缩短拣货行走距离，应该使被拣品距离进入巷道的位置尽可能缩短。也就是说，如果被拣品的分布呈现向货架一端分布的趋势，其返回过程中的行走距离就能被缩短。

(3) 中点回转式拣货路径(见图 2-20)、分割回转式拣货路径(见图 2-21)。中点回转式拣货路径是从拣货通道的中点处将拣货区分为前后两部分，拣货人员从通道的一端进入，拣取完货物后回转折返，在该通道中到达的最远处就是该通道的中点。当拣货人员离开拣货区域的前半部分时，拣货人员要从最右侧的通道穿越进入通道的后半部分，以同样的方式开始后半部分的拣货；当后半部分的拣货完成后，穿越最左侧的通道回到出入口。这里不但采用回转式拣货路径，而且在进入和退出后半部分通道时采取了穿越式拣货路径。与中点回转式拣货路径类似，还有分割回转式拣货路径，即将整个拣货区域分割为前后两部分，但分割点不一定是通道的中点。

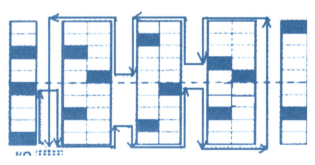

图 2-20　中点回转式拣货路径

(4) 最大间隙式拣货路径(见图 2-22)。最大间隙式拣货路径是指将同一通道内待取的货品和上下两侧通道的距离做比较，选择较短距离的路径，若货品和上下两侧的通道距离小于货品之间的最小距离，则直接回转。最大间隙式拣货路径与中点回转式拣货路径相似，两者的区别在于：采用最大间隙式拣货路径，分拣人员最远可到达最大间隙而非通道中点。

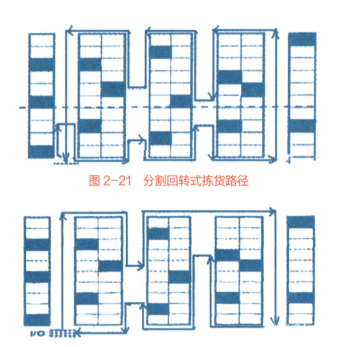

图 2-21　分割回转式拣货路径

图 2-22　最大间隙式拣货路径

(5) 通道接通道式拣货路径 (见图 2-23)。通道接通道式拣货路径针对包含多个横向通道的仓库。一般来讲，采用通道接通道式拣货路径，每个纵向通道只访问 1 次。分拣人员从入口处开始，进入最左边有待取物品的通道，当一个纵向通道内的所有品项拣选完，接着选择一个横向通道进入下一个纵向通道。该方法需要确定从一个纵向通道向下一个纵向通道过渡的横向通道。

图 2-23　通道接通道式拣货路径

四、任务实施

● 任务背景

某物流公司为国有企业集团下属全资子公司，肩负整个集团内部商品的存储与发送任务，业务覆盖集团出版物物流及电子商务配送、文化用品、音像制品、电子产品、文创产品、出版及印刷物资等项目的物流配送服务。随着其内部物流仓储能力的提升和配送网络的搭建，逐步形成了以出版物仓储与配送为主营业务，其他第三方、电子商务为辅的物流服务体系。

为了更好地升级其仓储、中转服务能力，该物流公司在核心物流地段购置土地，建设其自有的物流配送枢纽。

图2-24和图2-25是此仓储中心的一层和二层平面图，根据业务特性，结合实际的运营需求，整体建筑被分为上下两层结构，一层整体为大开间，二层整体分为4个消防分区。根据公司业务特点，将一层定位为分拣中心，将二层定位为仓储中心。

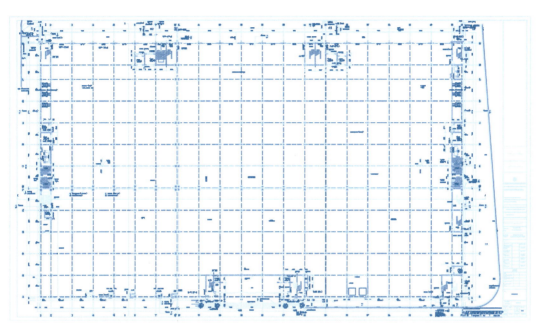

图2-24　仓储中心一层平面图

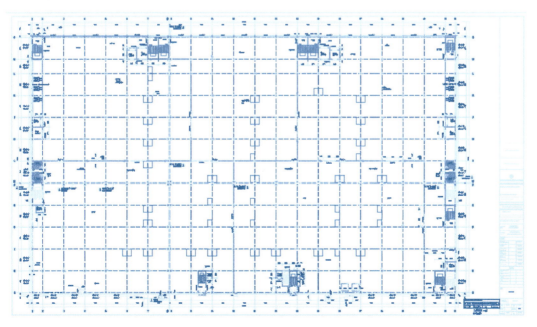

图2-25　仓储中心二层平面图

依据此项目基本背景,需要完成如下工作:
(1) 该仓储中心作业流程梳理;
(2) 确定拣货策略。

● 规划过程

1. 整体设计

物流公司主营商品为出版物,其中出版物分为学校用教辅教材和书店用一般图书。众所周知,出版物整体的特点为品类众多,故该项目设计之初计划存储20万种出版物,整体存量与转运规模将达到500万册。

该物流中心兼顾 ToB、ToC 业务,其中 ToB 教辅教材业务主要有其公司服务范围内各中小学春秋两季开学的高峰期,其运营特点为快进快出,实现最大化流转,故仓库设计以分拣为主;而一般图书主要供给下属书店,其订货量会受客户影响,整体发货频次比教辅教材高,但是发货量并不是很大,其运营特点为存量存储,随机进行订单拣选出库作业,故仓库设计以存储为主。一般图书整体收发货流程如图 2-26 所示。

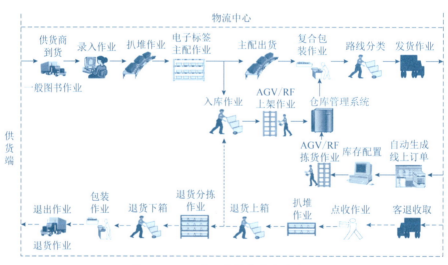

图 2-26 一般图书整体收发货流程

如图 2-26 所示,从作业流程来看,基本符合一般仓库作业流程,主要业务流程包含收货入库上架、收货查验整理、商品在库理货、订单拣选出库、商品出库打包、商品出库装车。

结合上述作业流程,需要对整个仓库进行功能分区,具体分区原则此处不详细介绍,初步分为发货区、收货区、集货区、收货快速流转区、收发货混合区、分拣分拨区、高位存储区、打包区、摘果区、播种区、低位存储区等功能分区,具体布局如图 2-27 和图 2-28 所示。

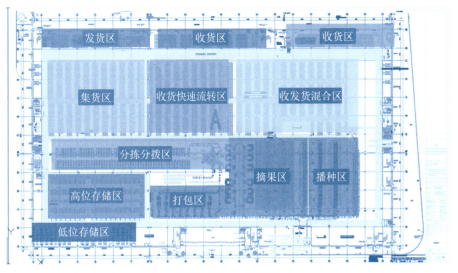

图 2-27 一层布局

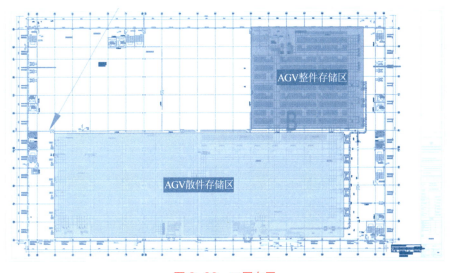

图 2-28 二层布局

2. 业务流程设计

根据前期对现有业务的调研，结合未来该仓库的功能定位，设计一层和二层的主要业务流程如下。

一层主要用于流通环节，实现大批量商品进出，将未完全流转完成的商品通过高位货架和低位货架进行存储，高位货架主要以托盘形式存储，实现大批量商品上架存储；低位货架主要以散件形式存储，实现散件少批量存储。一层业务流程如图 2-29 所示。

二层主要用于存储环节，将品类众多的一般图书以 AGV 的形式进行存储，未来根据销售订单进行货到人拣选作业，如图 2-30 所示。

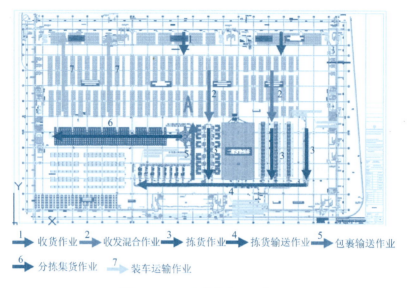

图 2-29　一层业务流程示意图

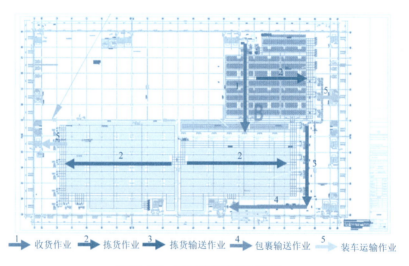

图 2-30　二层业务流程示意图

1) 收货作业流程

(1) 供应商根据订单,将商品卸到收货月台;

(2) 工作人员根据订单类型将商品送至目的地;

(3) 如果为快进快出型商品,直接进入播种线、摘果线、分拣机线进行分拣作业;

(4) 如果为存储型商品,则通过收货区提升机将商品提升到二楼 AGV 区域进行存储。

2) 收发混合作业流程

(1) 进入收发混合作业区的商品,工作人员会进行质量检测;

(2) 经过质量检测且合格的商品,现场会以托盘地堆的形式进行整理暂存;

(3) 暂存后的商品会根据目的地进行分类，向播种线、摘果线、退货分拣机三个目的地进行输送，作业流程如图 2-31 所示。

3) 拣货作业流程

(1) 退货拣货作业流程。收货月台有一部分商品是门店退货商品，未来这部分商品会退回出版社或者发行方，考虑到退货方和收货方都是众多商家，故采用分拣能力较高的滑块分拣机进行作业。滑块分拣机如图 2-32 所示。

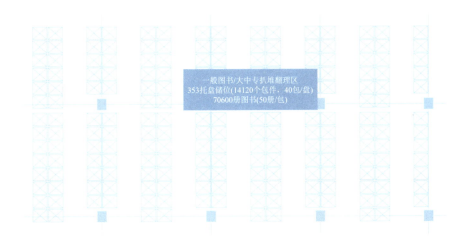

图 2-31　收发混合作业流程示意图

(2) 播种式拣货作业流程。播种式拣货作业主要处理商家大宗商品的尾单，因尾单作业拆零较多，且多个收货方可能共同需要同一商品，所以一般采用电子标签播种拣货方式。待拣商品在输送线上移动，当移动到待拣选区域，根据电子标签提示将待拣商品投入货架周转箱，拣货完成后将周转箱投入输送线，通过输送线输送到集中打包区进行打包作业。输送线配合流利式货架进行电子标签拣选如图 2-33 所示。

图 2-32　滑块分拣机

(3) 摘果式拣货作业流程。摘果式拣货作业可以避免人员频繁走动，即让需要拣货的周转箱流动起来，待拣货的商品和拣货人员不动，通过电子标签指示将需要拣选的商品投入目的周装箱，待周转箱拣货完成后，通过输送线输送到集中打包区进行打包作业，如图 2-34 所示。

图 2-33 输送线配合流利式货架进行电子标签拣选

图 2-34 摘果式拣货作业示意图

4) 拣货输送作业流程

拣货完成的所有周转箱会通过库区布置的输送线统一输送，如图 2-35 所示。

图 2-35 输送线

5) 包裹输送作业/分拣集货作业流程

拣货完成的周转箱会统一汇总到集中打包区，通过打包形成包裹，通过输送线集中进入交叉带式分拣机，交叉带式分拣机根据具体送货目的地进行分拣作业。交叉带式分拣机如图 2-36 所示。

图 2-36　交叉带式分拣机

6) 装车运输作业流程

通过分拣机分拨以后，所有打包完成的包裹根据运输路线完成集货，待运输车辆达到装车月台时，将待运输的包裹装车即可。装车现场如图 2-37 所示。

图 2-37　装车现场

五、任务总结

本任务主要介绍了不同的拣货策略以及主要的应用场景。从拣货方式来看，智能设备的拣货路径都是在计算机系统中提前设置好的，智能设备只需要按照既定路线进行拣货。因此，本任务主要对人工拣货作业的两种典型拣货策略——摘果式和播种式，进行说明。

总体来说，拣货路线和拣货方式没有最优选项，只有最适合的选项。以电商零售企业为例，拣货路径的规划一般会综合考虑以下因素：第一，订单结构，如单品订单占比、订单行数、订单跨越区域数量、高峰订单量；第二，存储方案，结合 SKU 数量、深度，以及存储货品性质（整箱/零散）等；第三，运营方案，如用包装箱拣货、是否需要寄送发票、仓库面积等；第四，时效、作业效率、投入产出比，企业对项目的投资属于短期投资还是长期投资。实际项目中，要综合考虑以上要素来规划拣货路径，并规划前后续仓内作业的流程，以形成整体的仓内动线。

 读书笔记

项目三
仓内规划

■ 项目说明

仓内土建设施与布局优化是一个多目标的综合规划过程,是根据仓库生产和管理需要,对整个仓库所有设施进行用途规划,划分各功能区域及作业内容,以提高空间利用率、降低操作成本、缩短作业路径。本项目通过两个任务来说明仓内布局规划所涉及的项目规划与实施内容,任务一以仓内土建为规划维度,从空间布局上宏观讲解仓库在规划中需要涉及的建筑结构设计、电气设计、月台设计、排水暖通等土建相关的内容,结合仓库设计原则,介绍仓库设计中土建方面的规划内容和标准要求。任务二以平面微观视角为规划维度,结合仓内各功能区作业内容,对每个功能区进行规划及布局。

综合来看,物流仓储中心布局规划就是综合考虑相关因素,对物流仓储中心的设施系统做出全面安排,使资源得到合理配置,使物流仓储中心能够有效运行,以达到预期的社会效益、经济效益、环境效益。

■ 项目内容

任务一　仓内土建设施规划

任务二　仓内布局规划

任务一　仓内土建设施规划

● **知识目标**

1. 仓库建筑结构设计要求。
2. 仓库防火设施设计要求。
3. 仓库电气设施设计要求。
4. 仓库平面布置基本要求。

● **技能目标**

1. 能够在仓储空间布局规划中结合仓库土建标准进行土建相关方面的设计，以满足仓库的布局需求及运转需求。
2. 能够根据需求计算仓储中心的柱间距和地面荷载。

一、任务描述

在仓储中心项目规划中，仓库房屋的建筑、电气、排水、地面承重、消防等都需要进行合理的规划，要在满足国家在 2016 年 12 月 1 日实施的《物流建筑设计规范》的基础上，结合仓储中心的使用需求进行综合设计。

本任务对《物流建筑设计规范》中的各项要求进行概括性描述，再介绍京东物流在实际项目规划中所考量的一些相关设计要素，帮助学生掌握仓储建筑的土建设施规划方面的内容。

本任务的任务实施部分以仓储项目规划中的土建提资方案为依托，进行了建筑、结构、地面荷载及平整度、月台高度等需求描述。通过本任务的学习，希望学生能够掌握仓储中心项目规划过程中的土建规划范围，并能够结合仓储中心的特点对土建工程提出有针对性、专业化的改造意见和需求。

二、必备知识

在仓储建筑规划中，建筑尺寸如何确定，建筑内哪些因素与规划方案相关，是规划人员需要提前统筹考虑的重点内容。土建技术要求包括建筑、结构、电气、暖通、给排水等专业技术要求，在这些内容中，由于结构涉及数据，而数据会影响仓储中心动线的规划，因此结构对规划方案的影响最大。

（一）物流建筑的分类

根据《物流建筑设计规范》，物流建筑按其使用功能可分为作业型物流建筑、存储型物流建筑、综合型物流建筑。区分作业型物流建筑和存储型物流建筑的核心标准在于货物的滞留时间、货物存储区面积与作业区面积的比例、货物存储区容积与作业区容积的比例。《物流建筑设计规范》中，作业型物流建筑与存储型物流建筑的划分标准如表3-1所示。

表3-1 作业型物流建筑与存储型物流建筑的划分标准

对比项目	作业型物流建筑	存储型物流建筑
货物滞留时间	小于72h	大于72h
货物存储区面积与作业区面积的比例	不大于15%	大于65%
货物存储区容积与作业区容积的比例	不大于15%	大于65%

1. 存储区应满足下列条件之一

(1) 物品平均堆放高度大于1m、面积利用系数大于0.4且物品平均滞留时间大于24h的堆存区域；

(2) 物品存放高度不大于2m且物品平均滞留时间大于24h的货架区；

(3) 物品存放高度大于2m的货架区；

(4) 物品平均滞留时间大于72h的区域。

2. 作业区应同时满足下列条件

(1) 对物品进行物流作业的区域；

(2) 不属于存储区的范围；

(3) 物品在该区域的最长滞留时间不大于72h。

(二)仓库面积的相关概念

1. 仓库总面积

仓库总面积指从仓库外墙线算起,整个围墙内的全部面积。若墙外还有仓库的生活区、行政区或库外专用线,则应包括在总面积之内。

2. 仓库建筑面积

仓库建筑面积指仓库内所有建筑物所占平面面积之和,若有多层建筑,则还应加上各层面积的累计数。仓库建筑面积包括生产性建筑面积(包括库房、货场、货棚所占建筑面积之和)、辅助生产性建筑面积(包括机修车间、车库、变电所等所占面积之和)和行政生活建筑面积(包括办公室、食堂、宿舍等所占面积之和)。

3. 仓库使用面积

仓库使用面积指仓库内可以用来存放商品的面积之和,其中库房的使用面积为库房建筑面积减去外墙、内柱、间隔墙及固定设施等所占的面积。

4. 仓库实用面积

仓库实用面积指在仓库使用面积中,实际用来堆放商品的面积,即仓库使用面积减去必需的通道、垛距、墙距,以及收发、验收、备料等作业区后所剩余的面积。

(三)建筑设施规划

1. 平面规划

从平面布置来看,物流建筑的间距应符合现行国家标准《工业企业总平面设计规范》(GB 50187—2012)和《建筑设计防火规范》(GB 50016—2012)的规定。

1)空间要求

物流建筑的围墙至建筑物、构筑物及道路等的最小间距应符合表3-2所示的规定。

表 3-2　围墙至建筑物、构筑物及道路等的最小间距

名称	间距/m
建筑物	5.0
道路	1.0
露天甲类和乙类货物堆场	10.0
标准轨距铁路线中心线	5.0
排水明沟边沿	1.5

场坪铺面种类应根据货物种类及装卸方式、地基条件等确定，场坪铺面种类及其面层类型、计算残留沉降值如表 3-3 所示，场坪铺面在设计使用年限内的计算残留沉降不宜大于表内的值。

表 3-3　场坪铺面种类及其面层类型、计算残留沉降值

铺面种类	面层类型	计算残留沉降值/mm
沥青铺面	沥青混凝土、热拌沥青碎石、沥青灌入式、冷拌沥青碎石、沥青表面处治、简易铺面	40
水泥混凝土铺面	现浇素水泥混凝土板	30
联锁块铺面	高强混凝土小块、细加工小条石	50
独立块铺面	预制混凝土块(六角块、四角块)、粗加工料石、联锁块等	55

注：简易铺面包括泥结碎(砾)石、级配碎(砾)石及其他粒料等，设计方法同沥青铺面。

在进行物流仓储中心建筑建设的规划过程中，主要确定总体规模、功能组成、工艺流程，以此为依据来建设物流仓储建筑。在《物流建筑设计规范》中，对于物流建筑室内净高有最基本的要求，如表 3-4 所示。

表 3-4　物流建筑室内净高基本要求　　　　　　　　　　单位：m

工艺方式	建筑类型	
	存储型	作业型
平面操作	≥5.5	≥5.5
使用普通货架	≤7.0	—
使用高货架	≥9.0	—
使用分拣系统等大型设备	按设备安装与检修高度空间确定	

一般来说，国家标准是一个最基础的标准，在目前智慧物流仓储自动化发展的背景下，很多仓储中心开始提升智能化水平，提高作业效率。截至 2021 年，京东物流已在全国投入运营 32 个"亚洲一号"智能物流仓，按照建设"亚洲一号"智能物流仓的要求，建筑高度不超过 24m，超过 24m 的另有要求。"亚洲一号"智能物流仓建筑高度示意如图 3-1 所示。

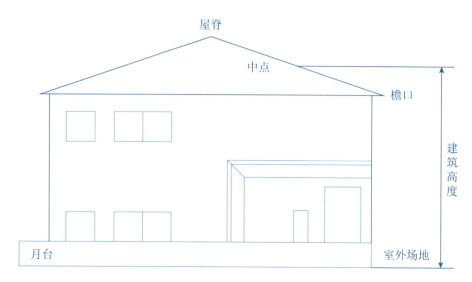

图 3-1 "亚洲一号"智能物流仓建筑高度示意图

2) 天然采光与自然通风

物流建筑的窗地面积比宜为 1∶18～1∶10，窗功能以采光为主的物流建筑，宜用固定窗，窗地面积比宜取大值；窗功能以通风为主的物流建筑，宜用中悬窗，窗地面积宜取小值，且取值应按自然通风换气次数验算核定。当物流建筑采用顶部采光时，相邻两天窗中心线间的距离不宜大于工作面至天窗下沿高度的 2 倍。

2. 结构规划

1) 荷载与作用

《物流建筑设计规范》规定，物流建筑各种荷载和作用的取值应符合现行国家标准《建筑结构荷载规范》(GB 50009—2012) 的规定，结构设计应计算地面堆载对地基产生的不利影响。可以采用各种运输车辆的竖向轮压作为地面运输荷载，其数值可按运输设备的资料和规定进行取值，其准永久值系数可取 0.5。物流建筑结构设计的动力计算，可将重物、搬运车辆自重乘以动力系数后作为静力进行设计。搬运和装卸的重物及搬运车辆轮压的动力系数可采用 1.1～1.3，载重车辆的轮压动力系数，可根据覆土厚度及对应系统确定，如表 3-5 所示。

表 3-5 载重车辆的轮压动力系数

覆土厚度/m	≤0.25	0.3	0.4	0.5	0.6	≥0.7
动力系数	1.30	1.25	1.20	1.15	1.05	1.00

在自动化仓储中心的规划中，要考虑自动化设备对地面荷载的要求。一般来说，在对已有的物流仓库建筑做具体规划方案前，规划人员都会对地面荷载提出基本要求，

用于判断是否适合放置自动化设备。以京东物流的自动化设备来说，无论是做搬运AGV(地狼)、多层穿梭车立体仓库存储拣选系统(天狼)，还是做普通货架，都对地坪承重有一个明确的要求，包括地坪的平整度，地坪承重和平整度满足要求才能安装自动化设备。自动化立体仓库工艺对楼面等效均布荷载要求如表3-6所示。堆垛机对楼面轮压要求如表3-7所示。这些参数一般可在设备厂商提供的设备参数中查阅。

表3-6　自动化立体仓库工艺对楼面等效均布荷载要求（仓库地面静荷载，不考虑安全系数）

项　目	柱点支点承载/(t/根)	地面平均承载/(t/m^2)	作用区域
高架库(双深)	10.11	4.1	6轴-21轴，D-K轴
多层穿梭车立体仓	3.03	1.26	6轴-21轴，C-D轴
	堆垛机静轮压/t	堆垛机轮距/mm	
堆垛机	5.5	3 800	

备注：1.托盘含货预估1000kg，堆垛机预估9t。
2.周转箱预估30kg。
3.以上荷载未考虑安全系数，货架荷载通常取1.4，堆垛机未考虑急停轮压。
4.库区其他区域按1.5t/m^{2}设计。
5.多关节机器人的局部荷载2t/m^2（预留）。

表3-7　堆垛机对楼面轮压要求

项　目	非电控柜侧（被动轮）FR1(KN)	电控柜侧（主动轮）FR2(KN)	备　注
F_{stat}静态轮压	53.773	55.243	堆垛机静止或匀速运行时对地轨轮压
F_{dyn}动态轮压	33.6	75.43	堆垛机向主动轮侧减速或向被动轮侧加速时对地轨轮压
	73.96	35.07	堆垛机向主动轮侧加速或向被动轮侧减速时对地轨轮压
FB碰撞轮压	-107.66	216.68	堆垛机主动轮侧碰撞地面液压缓冲器
	215.21	-106.19	堆垛机被动轮侧碰撞地面液压缓冲器

2) 柱网布置

在库内摆放横梁货架的时候，柱距与横梁货架的位置一定要匹配，做规划方案时要对此进行测算。如果柱距和横梁货架的位置不匹配，那么整个仓储中心的利用率是很难提升的。京东物流"亚洲一号"项目组做规划方案时，如果测算的柱距是11.4m，那么横梁货架的拣选通道的宽度是3.2m，也就是走叉车的通道是3.2m。如果测算的柱距是12m，通道宽度要做到3.5m，基本能满足对使用效率的要求。所以京东物流在建设"亚洲一号"智能仓的过程中，最后确定的柱距是12m。

3) 地面设计

地面混凝土垫层厚度应根据地面主要使用荷载，按现行国家标准《建筑地面设计规范》(GB 50037—2013) 计算确定。当不同地段使用荷载差异较大的时候，宜采用不同厚度。当在垫层下采用灰土等作为地基加固措施，且加固层的厚度不小于150mm 时，垫层厚度可折减 15%～25%，但折减后的垫层厚度不应小于 60mm。同行业的物流建筑工艺对地面的要求如表 3-8 所示。

表 3-8　同行业的物流建筑工艺对地面的要求

区　域		地　面
仓储用房	仓储区	素混凝土厚度不低于150mm
		输送线区域全区平整度允许偏差 ±5mm，货架区域全区域平整度允许偏差 ±15mm
		最大荷载下，地面不均匀沉降低于1/1000
	收货区/拆盘区	耐磨地面，素混凝土厚度不低于150mm
		地面不均匀沉降低于 1/1000
分拣用房		耐磨地面，其中素混凝土厚度不低于150mm
		设备安装区域的地面平整度允许偏差 ±5mm，整个区域内允许偏差 ±10mm
		最大荷载长期作用下，基础不均匀沉降不大于1/1000
连廊		地面平整度允差为单位平方米内5mm的落差，地面整洁、无灰尘、碎屑、油或液体，地面应使用可释放静电材料

（四）电气要求

在《物流建筑设计规范》中，对电气的要求描述包括供配电系统、照明两大部分。供配电系统主要将用电负荷按照一级负荷、二级负荷和三级负荷进行分类。照明方面也规定了各区域照度标准。

1) 预留电量

预留电量直接影响仓库可以安装的设备。京东物流进行仓储规划时，一般的设计标准是 $20W/m^2$，分拣中心的设计标准是 $35W/m^2$，可满足照明等基础用电需求及自动化设备用电需求。

2) 照明布置

《物流建筑设计规范》中对物流仓储中心的照明做了一些基本规定，例如，照明灯具不应布置在货架正上方，其垂直下方与存储物品水平间距不得小于 0.5m。在项目规划中，一般会把灯放在通道上方。物流建筑各区域照度标准如表 3-9 所示。

表3-9 物流建筑各区域照度标准

物流建筑区域		参考平面及高度	照度标准/lx	R_a	备注
业务与管理办公区		0.75m水平面	300	80	
营业厅		0.75m水平面	300	80	高档区域500lx
单货核对作业区		0.75m水平面	300	80	
拣选、理货、组装、物流加工等作业区		0.75m水平面	300	80	
仓库、存储区、暂存区	大件库(如钢材、大成品)	1.0m水平面	50	—	
	一般件库	1.0m水平面	100	—	
	精细件库(如工具、小零件)	1.0m水平面	200	80	精细件拣选500lx
装卸作业区		地面	100		
维修车间		0.75m水平面	200	60	特种车辆等维修
货场、货棚		1.0m水平面	50		局部照明100lx
主要道路		地面	10		
露天停车场		地面	50		

注：1.本表的照度标准为一般照明的平均照度；

2.本表中未列出的物流建筑的配套公共建筑、辅助生产用房的照度标准按现行国家标准《建筑照明设计标准》(GB 50034—2013)的规定执行。

照明的布置和横梁货架相关，以柱距12m×12m为例，灯距可以按照6m×6m或者6m×8m来进行布置，相当于只要柱距是12m，则两柱中间的地方应布置灯，这样一般都可以和通道匹配。进行初期方案规划的时候，一定要根据图纸进行整体设计和评估，并且要考虑与设施、货架等的匹配程度，否则实施后再改造的成本是非常高的。另外，如果是双进身架，则不能按照6m的标准进行照明设计，需要调整位置或增加照明。

此外，设计照明方案的时候，还要考虑开关位置。如果开关位置设置合理，会节约一大部分的布线成本。

（五）消防要求

1.消防面积要求

按照2018年10月1日起实施的《建筑防火设计规范》，仓库属于丙类防火建筑。以京东自营仓库为例，京东自营仓库属于丙二类防火建筑，主要是根据京东自营仓库存储商品的特性来确定的，如果仓库主要存储酒精度超过56度的酒水，就需要归到甲类，酒精度超过56度的酒水不能在丙二类仓库存放。火灾等级分类如表3-10所示。

表 3-10 火灾等级分类

类别	危险性特征
甲	1. 闪点＜28℃的液体 2. 爆炸下限＜10%的气体 3. 常温下能自行分解或在空气中氧化即能导致迅速自燃或爆炸的物质 4. 常温下受到水或者空气中水蒸气的作用，能产生可燃气体并引起燃烧或爆炸的物质 5. 遇酸、受热、撞击、摩擦、催化，以及遇有机物或硫黄等易燃的无机物，极易引起燃烧或爆炸的强氧化剂 6. 受撞击、摩擦或与氧化剂、有机物接触时能引起燃烧或爆炸的物质 7. 在密闭设备内操作温度等于或超过物质本身自燃点的生产
乙	1. 28℃≤闪点＜60℃的液体 2. 爆炸下限≥10%的气体 3. 不属于甲类的氧化剂 4. 不属于甲类的化学易燃危险固体 5. 助燃气体 6. 能与空气形成爆炸性混合物的浮游状态的粉尘、纤维或闪点≥60℃的液体雾滴
丙	1. 闪点≥60℃的液体 2. 可燃固体
丁	1. 对不燃烧物质进行加工，并在高温或熔化状态下经常产生强辐射热、火花或火焰的生产 2. 利用气体、液体、固体作为燃料或将气体、液体进行燃烧用于其他各种生产 3. 常温下使用或加工难燃烧物质的生产
戊	常温下使用或加工非燃烧物质

不同规模的仓库的防火面积与占地面积有不同的要求。《建筑设计防火规范》对普通仓库的防火面积有明确要求，如表 3-11 所示。《建筑设计防火规范》中明确，物流建筑存储区的防火分区最大允许建筑面积和存储区部分建筑的最大允许占地面积，可按表 3-11 所示的规定增加 4.0 倍(自动化控制的丙类高架仓库除外)。

表 3-11 普通仓库的防火面积要求

储存物品的火灾危险性类别		仓库的耐火等级	最多允许层数	每座仓库的最大允许占地面积和每个防火分区的最大允许建筑面积/m²						地下或半地下仓库(包括地下或半地下室)
				单层仓库		多层仓库		高层仓库		
				每座仓库	防火分区	每座仓库	防火分区	每座仓库	防火分区	
甲	3、4项	一级	1	180	60	—	—	—	—	—
	1、2、5、6项	一、二级	1	750	250	—	—	—	—	—
乙	1、3、4项	一、二级	3	2 000	500	900	300	—	—	—
		三级	1	500	250	—	—	—	—	—
	2、5、6项	一、二级	5	2 800	700	1 500	500	—	—	—
		三级	1	900	300	—	—	—	—	—
丙	1项	一、二级	5	4 000	1 000	2 800	700	—	—	150
		三级	1	1 200	400	—	—	—	—	—
	2项	一、二级	不限	6 000	1 500	4 800	1 200	4 000	1 000	300
		三级	3	2 100	700	1 200	400	—	—	—

续表

储存物品的火灾危险性类别	仓库的耐火等级	最多允许层数	每座仓库的最大允许占地面积和每个防火分区的最大允许建筑面积/m²						地下或半地下仓库(包括地下或半地下室)
			单层仓库		多层仓库		高层仓库		
			每座仓库	防火分区	每座仓库	防火分区	每座仓库	防火分区	
丁	一、二级	不限	不限	3 000	不限	1 500	4 800	1 200	500
	三级	3	3 000	1 000	1 500	500	—	—	—
	四级	1	2 100	700	—	—	—	—	—
戊	一、二级	不限	不限	不限	不限	2 000	6 000	1 500	1 000
	三级	3	3 000	1 000	2 100	700	—	—	—
	四级	1	2 100	700	—	—	—	—	—

资料来源:《建筑设计防火规范》。

因此,按照上述规范要求,物流仓储中心最大允许的防火面积和占地面积如表3-12所示。

表3-12　物流仓储中心最大允许的防火面积和占地面积

仓库规模	防火面积(建筑面积)/m²	占地面积(建筑面积)/m²
单层仓库	6 000	24 000
双层仓库	4 800	19 200
立体仓库	3 000	12 000

注:丙二类耐火等级一级,建筑高度不超过24m。

物流仓储中心防火面积与占地面积规划示意如图3-2所示。

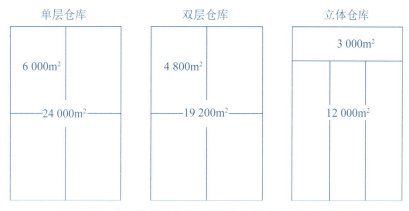

图3-2　物流仓储中心防火面积与占地面积规划示意图

2. 防火墙开门

防火墙开门不仅要与主通道相对,而且要与输送线相匹配。和主通道相对的,一般都需要在防火墙上开一些居中的门,能满足基本要求。输送线方案有变动,防火墙就要不断变化。一般来说,防火墙的规划要在主方案确定之后再根据需求确定或调整。防火分区示意如图 3-3 所示。

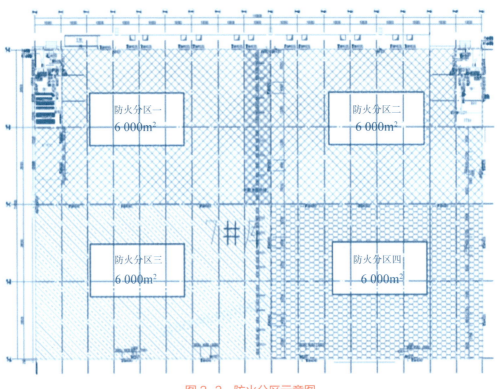

图 3-3 防火分区示意图

3. 疏散楼梯

《建筑设计防火规范》要求,疏散楼梯应按照每百人最小疏散净宽度不小于表 3-13 的规定来设计。疏散楼梯的最小净宽度不宜小于 1.1m,疏散走道的最小净宽度不宜小于 0.9m。当每层疏散人数不相等时,疏散楼梯的总净宽度应分层计算,下层楼梯总净宽度应按该层及以上疏散人数最多一层的疏散人数计算。

表 3-13 厂房内疏散楼梯、走道和门的每百人最小疏散净宽度

厂房层数/层	1、2	3	≥4
最小疏散净宽度/m	0.6	0.8	1.0

4. 防火墙

防火墙原则上是不允许开门开洞的，但是一般的实际项目方案中都会做开门开洞的设计，一方面是因为区域之间要互通，另一方面是输送线一定要跨越防火墙，因此也可以开门开洞。《建筑设计防火规范》要求，当防火分割部分的宽度大于30m时，防火卷帘的宽度不应大于该部位宽度的1/3，且不应大于20m。

5. 防火卷帘

做方案时，要考虑卷帘箱的高度和宽度，安装防火卷帘的时候容易受影响。规划人员画平面图的时候往往没有空间的概念，因此做方案的时候尤其要注意，距墙面距离预留大一点，应为1.2m以上，这样才能保证安装顺畅。

如图3-4和图3-5所示，规划设备通过卷帘门时需注意门洞及卷帘箱的尺寸。规划宽度时应考虑卷帘门形式，因卷帘门形式不同，门宽也会有所不同。侧装式与中装式、单轨式与双轨式所占用宽度均有不同，规划过程中需要注意此处宽度。高度方向上，因不同形式的卷帘箱安装位置不同，安装后门洞内净空会有所不同，卷帘箱安装完毕后有可能会出现占用门洞高度的情况，设备通过时需要考虑设备高度及输送物料高度，涉及翻转类设备需要考虑翻转过程中不与门洞或卷帘箱发生冲突。

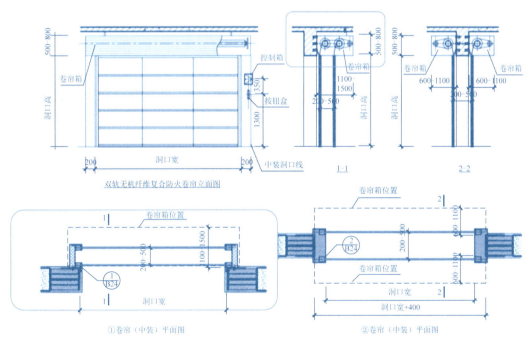

图3-4 防火卷帘规划示意图

图 3-5　三层阁楼卷帘门实物图

(六)其他配套设施规划与设计

其他配套设施包括给水与排水设施、供热与燃气设施等,如果是新建仓库,这些设施的规划设计应符合国家标准《城市工程管线综合规划规范》(GB 50289—2016)、《给水排水管道工程施工及验收规范》(GB 50268—2008)、《城镇供热系统运行维护技术规程》(CJJ88—2014)的相关规定。

仓储规划人员进行仓储中心规划时,需要有专门的土建工程师对以上内容进行评估,判断其是否符合国家标准中对仓库建设的相关要求。

三、实施方法

(一)柱间距的计算

对一般建筑而言,柱间距主要是根据建筑物层数、层高、地面承载能力等来计算。但是对建筑成本有利的柱间距,不一定是物流仓储中心的存储设备的最佳跨度。在最经济的条件下,合理确定最佳柱间距,可以显著提高物流仓储中心的保管和作业效率。

影响物流仓储中心建筑物柱间距的因素主要有运输车辆的种类、规格型号和数量,托盘尺寸和通道宽度,货架与柱之间的关系等。

1. 根据托盘宽度确定柱间距

在以托盘为存储单元的保管区，为提高货物的保管效率，通常根据托盘尺寸来确定柱间距。根据托盘宽度确定柱间距的计算示意如图3-6所示。

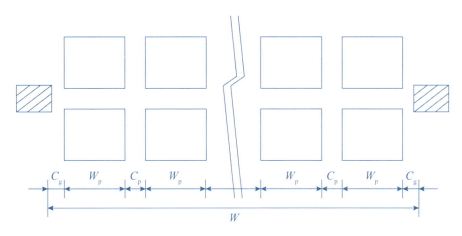

图3-6 根据托盘宽度确定柱间距的计算示意

图3-6中，W为柱间距，W_p为托盘宽度，C_p为相邻两个托盘之间的间距，C_g为侧面余量尺寸，N为托盘数量，则柱间距的计算公式为

$$W=W_p N+(N-1)C_p+2C_g \quad (3-1)$$

假设托盘宽度W_p为1 000mm，托盘数量N为6，相邻两个托盘的间距C_p为100mm，托盘与柱子间的余量尺寸C_g为100mm。柱间距按照公式(3-1)计算如下：

$$W=W_p N+(N-1)C_p+2C_g=1\,000\times6+(6-1)\times100+2\times100=6\,700(\text{mm})$$

即柱间距为6 700mm。

2. 根据托盘长度确定柱间距

根据托盘长度确定柱间距的计算示意如图3-7所示。W为柱间距，L_p为托盘长度，W_l为通道宽度，C_r为两列背靠背托盘货架间隙，N为托盘货架的巷道数量，则柱间距的计算公式为

$$W=(W_l+2L_p+C_r)N \quad (3-2)$$

假设托盘长度L_p为1 200mm，通道宽度W_l为3 000mm，托盘货架的间距C_r为50mm，托盘货架的巷道数N为3。柱间距根据公式(3-2)计算如下：

$$W=(W_l+2L_p+C_r)N=(3\,000+2\times1\,200+50)\times3=16\,350(\text{mm})$$

即柱间距为16 350mm。

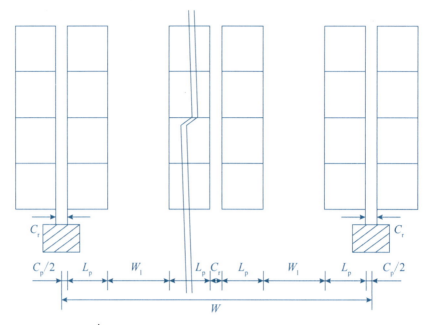

图 3-7 根据托盘长度确定柱间距的计算示意

3. 根据立柱与自动化立体仓库的关系确定柱间距

根据立柱与自动化立体仓库的关系确定柱间距的计算示意如图 3-8 所示。根据实际需求，当立柱位置在正对自动化立体仓库的出入库工作台的正面方向时，为了使出入库的电动台车和输送带正常工作，立柱必须设计在堆垛机运动方向的延长线上。在这种情况下，柱间距就要根据货架深度和堆垛机通道宽度进行计算。

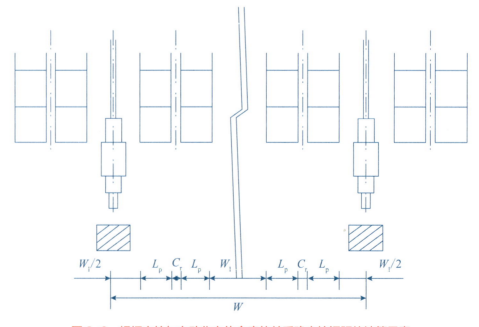

图 3-8 根据立柱与自动化立体仓库的关系确定柱间距的计算示意

图 3-8 中，W 为柱间距，L_p 为托盘长度，W_1 为通道宽度，C_r 为两列背靠背托盘货架间隙，N 为两根柱子之间堆垛机的巷道数量，则柱间距的计算公式为

$$W=(W_1+2L_p+C_r)N \tag{3-3}$$

假设托盘长度 L_p 为 1 200mm，堆垛机通道宽度 W_1 为 1 400mm，托盘货架的间距 C_r 为 300mm，两根柱子之间的巷子道数 N 为 4，柱间距根据公式 (3-3) 计算如下：

$$W=(W_1+2L_p+C_r)N=(1\ 400+2\times1\ 200+300)\times4=16\ 400(\text{mm})$$

即柱间距为 16 400mm。

（二）建筑物的梁下高度

建筑物的梁下高度又称有效高度。从理论上来说，存储空间的梁下高度越高越好。但在实践中，梁下高度受货物所能堆码的高度、叉车的提升高度和货架高度等因素的限制，太高反而会增加成本，而且会降低保管效率。

仓储中心内影响建筑物梁下高度的因素主要有保管物品的形态、形式、堆积高度、所使用的堆高搬运设备种类、所使用的存储设备高度等。通常要综合考虑各种制约因素，才能决定货物的最大堆码高度。

此外，为了满足建筑物内的电气、消防、通风、空调和安全等要求，梁下还必须安装监控线路、消防器材、通风空调导管等设备。因此，在货物最大堆积高度和梁下边缘之间，还要有一定的间隙尺寸，用于布置此类设备。一般地，梁下间隙尺寸 α 取 500～600mm。

设货物最大堆积高度为 H_1，梁下间隙尺寸为 α，则梁下高度为

$$H_e=H_1+\alpha \tag{3-4}$$

（三）货架对地面荷载的计算方法

进行自动化立体仓库规划时，需要向土建设计院提供货架对地面的荷载要求。一般情况下，货架对地面的荷载有集中荷载和平均荷载两项：集中荷载是指每根立柱对地面的集中力，一般用吨来表示；平均荷载是指货架区单位面积内的承载力，一般用吨/平方米来表示。下面以最常见的横梁式货架为例，介绍托盘货物在货架上的布置示意，如图 3-9 所示。

1）集中荷载的计算方法

图 3-9 截取了其中一层货架相邻两个货格的布置情况，每个货格放置两个托盘的货物。单元托盘货物的重量用 D 表示，两盘货物的重量就是 $2D$。以左边的货格为例，两盘货物的重量平均分摊到 1 号、2 号、3 号、4 号四个立柱之上，因此每个立柱分摊的重量就是 $2D/4=0.5D$。再以 3 号立柱为例，除了左侧货格外，3 号立柱还需要与 4 号、5 号、6 号立柱一起平均分摊右侧货格的两个托盘的重量，计算方法与左侧货格一致，分

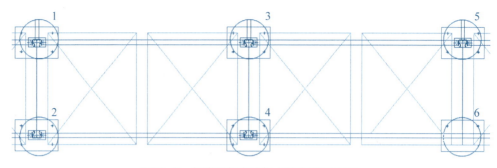

图 3-9　托盘货物在货架上的布置示意图

摊重量也是 0.5D，因此 3 号立柱在这一层上的承载可以简化为一个托盘的重量。最后数一下货架一共有几层，用单个托盘的重量乘以层数就是货架立柱的集中荷载了。

另外，除了货物重量外，货架自身也是有一定重量的，这个可以根据经验值进行估算。一般标准托盘货架可以按照每个货位 40kg 估算，计算时用单个托盘的重量加上单个货位货架自重后再乘以层数就可以了。例如单元货物重 700kg，货架总共有 9 层，那么每个立柱的集中荷载为 (700+40)×9=6 660(kg)。

2）平均荷载的计算方法

沿用上述数据计算平均荷载，划定某一个货格的投影区域如图 3-10 所示，区域长度和宽度分别用 L 和 W 表示。

图 3-10　某一个货格的投影区域示意图

在投影面积之内，每层货架上都有两个托盘的货物，再考虑货架自身的重量，那么平均荷载就可以用两个托盘的重量加上两个货位货架的自重后乘以层数，然后除以投影面积即可。仍然以单元货物 700kg、货架 9 层为例，图 3-10 中投影区域长度 L 按 2.4m，W 按 1.2m 计算，则平均荷载 =[(700+40)×2×9]/(2.4×1.2)=4 625(kg/m^2)。

四、任务实施

● 项目背景

本任务是规划某综合物流分拣中心项目。该项目的仓库主要存放日用百货商品，该类商品属于丙二类货物,需要进行相关的消防设计。仓库建筑整体尺寸为 160m×99m,局部为单层贯通式库房,其余为两层,共划分为 8 个消防分区。单层库房将建设成自动化立体仓库,主要提供商品的集中存储功能、大宗商品的出入库功能,以及为其他库房补货的功能;两层楼库提供拣货、分拣等功能。一层和二层消防分区如图 3-11 和图 3-12 所示。

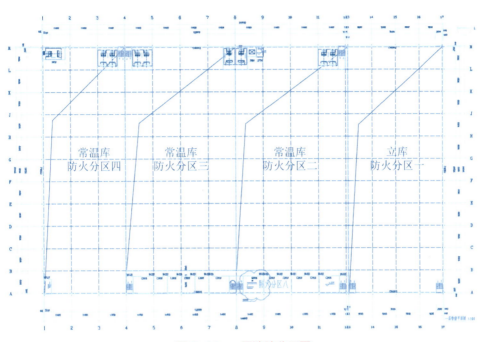

图 3-11　一层消防分区图

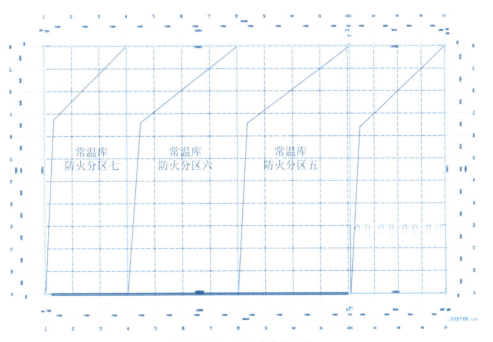

图 3-12　二层消防分区图

● 规划过程

建筑的规划与库内使用设备紧密相关，图 3-13 和图 3-14 为该项目一层和二层方案规划图。

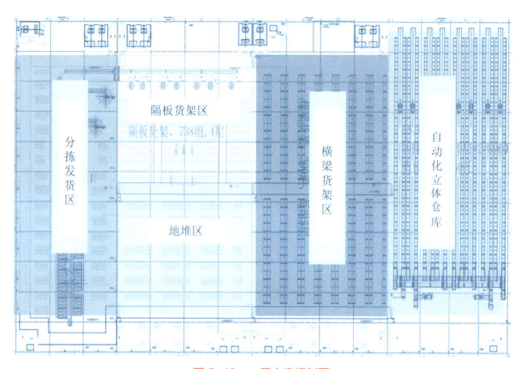

图 3-13　一层方案规划图

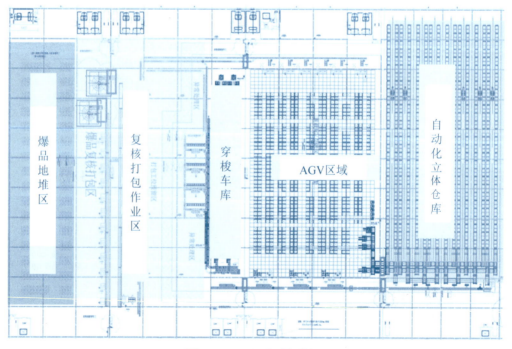

图 3-14　二层方案规划图

通过规划图可以看出此仓储中心的功能布局，土建需求与功能区的设备有非常密切的联系。此项目的自动化系统及设备如表3-14所示。

表3-14 项目的自动化系统及设备

自动化系统名称	设备内容
AR/RS	堆垛机数量：单伸位堆垛机8台 托盘货位数：10 240个 每托重量承载：1 000 kg（含托盘） 托盘货物规格：1 200mm（长）×1 000mm（宽）×1 500mm（高）（含托盘）
地狼重载AGV库	托盘底架配托盘及货架存储形式 AGV数量20台 托盘货位数240个，货架数量560个 每托重量承载：1 000 kg 容器规格：托盘1 200mm（长）×1 000mm（宽）×（150～160）mm（高）
天狼箱式多层穿梭车立体仓库	料箱存储，箱式多层穿梭车立体仓库 穿梭车数量：14台 料箱货位数13 440个（料箱货位数待土建确认后以最终细化数量为准） 每箱重量承载：30 kg 周转箱规格：600mm（长）×400mm（宽）×280mm（高）
直线交叉带式分拣机	分拣包裹尺寸：(160～650)mm（长）×(100～550)mm（宽）×(15～500)mm（高） 分拣机数量：1套 包裹重量范围：100g～20kg 包裹形式：纸箱包装、气泡袋包装

基于规划方案图与自动化设备的规模，针对土建提出以下要求。

1. 站台设计

仓储中心设计为外月台，月台高度为1.2m，须配备液压调平台，如图3-15所示。

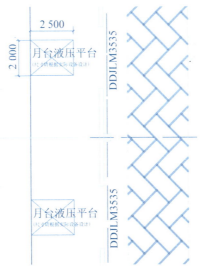

图3-15 月台示意图（单位：mm）

2. 柱网尺寸

横梁货架区，垂直叉车运行通道方向的柱网尺寸为 11.4m，如图 3-16 所示，保证货架安装后不会阻挡叉车通行。平行通道方向可由土建设计方按照标准设计。单层区域可适当进行调整。

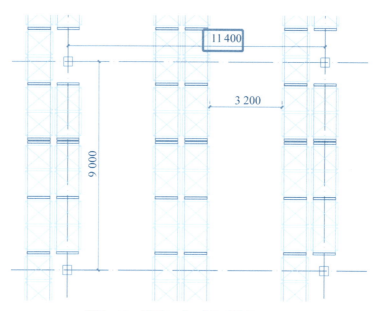

图 3-16　柱网尺寸示意图（单位：mm）

自动立体仓库区，每两个柱子之间布置 2 个巷道堆垛机和货架，预留安全距离，平行通道方向可由土建设计方按照标准设计。柱网尺寸及通道如图 3-17 所示。

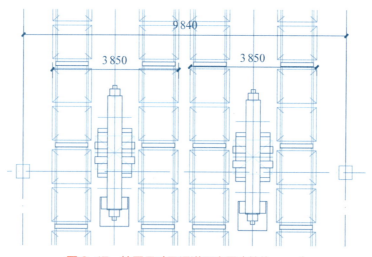

图 3-17　柱网尺寸及通道示意图（单位：mm）

3. 库内工艺净空要求

立体仓库货架高度 20m，预留 1m 左右的安装空间，单层区域工艺净空要求 21m，两层区域 1 层横梁货架货物高度 9m，工艺净空要求 10m 以上，两层天狼箱式多穿设备工艺净空要求 9m 以上。以上预留空间不含通风及消防管道空间。立体仓库货架立面如图 3-18 所示。

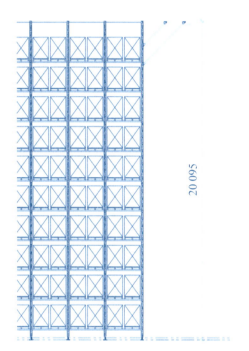

图 3-18　立体仓库货架立面图（单位：mm）

一楼横梁货架立面如图 3-19 所示。

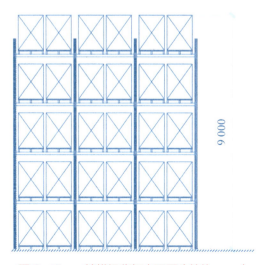

图 3-19　一楼横梁货架立面图（单位：mm）

箱式多穿设备立面如图 3-20 所示。

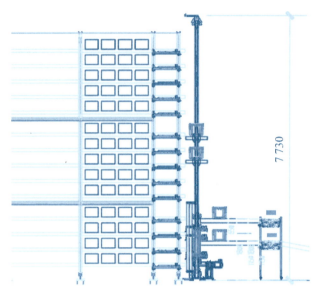

图 3-20　箱式多穿设备立面图（单位：mm）

4. 地面荷载

AS/RS 设备，货架为 10 层，考虑动载系数，最终测算该区域地面点荷载最大为 14t/柱点，受力点为货架地脚处，平均荷载为 5t/m²。

两层区域的首层荷载要求为 3t/m²，二层区域建议至少 2.5t/m²，首层的库区、月台要考虑 3 吨电动叉车满载行驶。

5. 地面平整度要求

1) 仓库地面整体通用要求

仓库地面整体通用要求为地面平整度允许偏差 ≤ ±15mm；在最大荷载下，货架区域基础地坪的沉降变形应小于 1/1 000；仓库局部平整度每 2m 范围内偏差应小于 4mm。

2) 堆垛机区域要求

为保证立体仓库货架及堆垛机安装精度，须符合自动化库房的建筑标准，堆垛机区域水泥地板表面平整度为 ±20mm，并且在任何 3m×3m 的区域内，不超过 ±5mm。堆垛机轨道的锚固深度最大为 200mm，如图 3-21 所示。

地轨固定区域使用较少的钢筋，避免钻孔时遇阻。当螺栓和钢筋相干涉时，螺栓有可能切断钢筋。保证地基上水泥板不会滑动，水泥板不得有任何裂缝，不允许地板发生不均匀沉陷。防止水泥板发生霜冻。

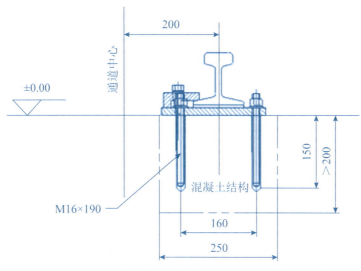

图 3-21　项目仓库地面平整度需求示意图（单位：mm）

3) 二层要求

二层主要包含京东天狼多层穿梭车系统，货架立柱固定区 150mm × 150mm × 180mm 范围内不能布置钢筋网，以免影响钻孔作业。安装固定式货架无法避让钢筋网，经客户许可后由客户方打断钢筋网。二层地面具体要求如表 3-15 所示。

表 3-15　二层地面要求表

名称	要求	备注
货架安装区域地面平整度	0～150m 范围内不大于 ±15mm	货架框架片深度或竖向支撑宽度的 1/2 500(框架片深度或竖向支撑宽度不超过 3m)
地面不均匀沉降变形	在最大荷载下，货架安装区域长×宽方向竖向变形小于 1/1 000，倾斜度 tan α 小于 1/2 000	—
地轨固定区域钢筋网	固定区 150mm × 150mm × 150mm 体积范围内钢筋网须避让	—
地基上水泥板要求	保证地基上的水泥板不会滑动；水泥板不得有任何裂缝；防止水泥板发生霜冻	—

二层地狼区 AGV 区域供 AGV 设备运行，对地面有较高的要求。地面平整度累计落差在 2 000mm × 2 000mm 区域内小于 5mm，用 2 000mm 靠尺和楔形塞尺检查，严格保证公差要求。楼板厚度大于 220mm。

(1) 场地接缝。由于建筑设计要求或施工方式影响，AGV 行驶路面可能存在变形缝、伸缩缝、沉降缝、抗震缝及分割缝，对于这些接缝有一定的设计要求，包括：

- 应尽力避免在 AGV 行驶路径上出现接缝，规划时需要综合考虑具体的面层接缝的位置、尺寸以及 AGV 路径。
- 对于宽度为 5～50mm 的接缝，可在缝内上部嵌填沥青油膏沫塑料条或嵌填水泥砂浆。

- 对于宽度为 50～450mm 的接缝，可利用金属盖板浇筑水泥进行特殊处理。

(2) 地面承重：地面承载能力 40MPa；地面承重能力 1t/m^2，各层强度等级不小于 C40；在施工范围内，不允许地面有孔洞，一经发现，返工处理。

(3) 地面附着力：自流平附着力要求 ≥ 2.5MPa。

(4) 地面摩擦力：滑动摩擦系数应不小于 0.5。

(5) 磨耗量 ≤ 60mg(700r/500g)，依据国家标准 GB/T 50589—2010。

设计时，应严格遵守国家及地方有关法律、法规和相关行业标准。

6. 门型

采用工业提升门。外月台大门尺寸为 4m(宽)×3.5m(高)，如可能，月台区域可考虑每跨开门。防火卷帘按照规范进行布设，尺寸为 4m(宽)×3.5m(高)，新增防火卷帘位置示意如图 3-22 所示。

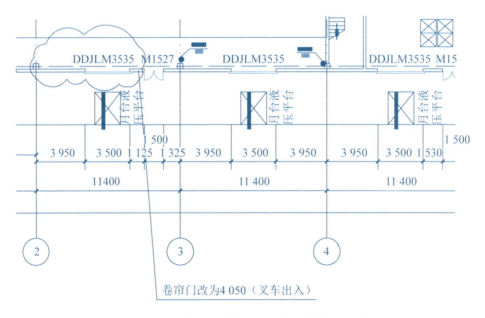

图 3-22 新增防火卷帘位置示意图（单位：mm）

7. 楼板工艺孔洞

由于设备需要穿行，楼板局部区域需要进行开洞处理，开洞区域示意如图 3-23 所示。

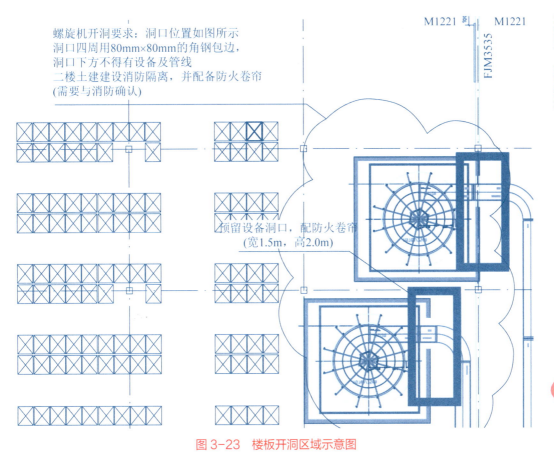

图 3-23　楼板开洞区域示意图

8. 墙体开洞

各防火分区间有设备穿过，防火墙需要进行开洞处理，开洞处要考虑消防处理位置，如图 3-24 所示。

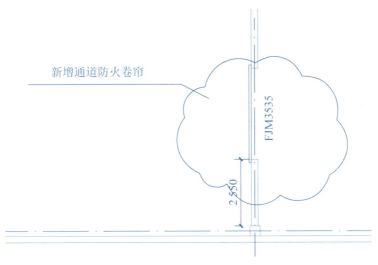

图 3-24　防火墙开洞设计示意图（单位：mm）

9. 给排水要求

(1) 物流仓储中心处理的货物为丙二类物品。
(2) 单层区域采用 AS/RS 设备，消防可能需要考虑货架内喷淋设施。
(3) 物流仓储中心内的工艺设备不需要用水，考虑人员生活用水。

10. 电气要求

(1) 考虑工艺设备用电。按照 895kW 的工艺设备用电量进行设计，同时应考虑远期发展预留。
(2) 考虑仓库内、月台、雨篷下、停车场的照明。其中，库内需要进行夜间作业，外部作业场要考虑充足的照明。照度要求库内 200lx，月台 200lx。
(3) 库内照明可进行分区控制设计，便于后续出租管理。
(4) 考虑两路供电及消防照明。
(5) 考虑电量的分户计量，库内电量按照最小单元划分进行分户计量。
(6) 考虑屋顶装设名称、标志灯箱及节日灯光等的供电。
(7) 叉车自带充电机，采用快速充电方式。叉车在叉车充电区充电。叉车充电插座的规格按 380V、20A 设计。叉车充电区应按照每个防火分区至少满足 2 台叉车同时充电的需求设计。
(8) 办公楼用房的插座按标准布置。

以上为整个项目在布局规划前期对土建各方面的规划需求。

五、任务总结

仓内的布局规划是整个物流仓储中心规划项目中最重要的环节之一，布局的规划需要考虑仓储中心的订单特征，在订单分析的基础上进行各功能区布局的规划。而在布局规划中，土建设施的规划和整个布局规划是密不可分的。一方面土建设计需要符合国家对于物流建筑规划的规范要求，另一方面也要与整个规划方案相匹配，避免发生冲突或者因为土建规划的不当而产生后期需要改造的问题。土建工程是一个专门的学科，作为仓储中心项目的规划人员，需要对仓储规划中的土建标准有所掌握，以便在规划前针对土建方面的内容向客户提出具体的需求，在规划过程中及时考虑与土建设施相关的规划要素，进行较为全面的设计和规划。

任务二　仓内布局规划

●知识目标

1. 掌握仓内布局规划的基本原则。
2. 掌握仓内的主要功能分区。
3. 掌握仓储作业区域规划的主要方法和考虑要素。
4. 掌握拣选作业区域的作业方式及拣选策略。

●技能目标

1. 掌握仓内布局规划的主要内容。
2. 掌握仓内布局规划的主要方法及实施过程。
3. 掌握仓储区域的库位计算方法。
4. 能够测算仓储区域占地面积。
5. 能够对自动化立体仓库存储的占地面积进行测算。

一、任务描述

建设物流仓储中心是一项系统工程，且属于投资巨大的项目，为避免规划失误带来的投资风险，仓储中心规划人员必须非常严谨，应全面统筹建设中需要考虑的要素。

仓内布局是仓储中心规划的重点内容，除了需要考虑仓内现有土建等基础条件是否满足仓储中心需求之外，还需要考虑仓内采用什么分区方式，作业区域有哪些，按照什么形式去进行规划，占地面积需要多大，采用哪些配套设施、设备，如何布局，等等。

本任务重点介绍仓内布局规划的原则及功能分区、规划实施方法等，并结合某企业的仓储规划项目进行仓内重点区域规划的实施过程讲解。

本任务中，依托任务实施中的项目方案，完成以下工作：

(1) 仓库吞吐量分析、订单结构分析。

(2) 存储区的功能区域划分。

(3) 储运单元的设置。

(4) 仓储中心整体布局规划。

二、基础知识

仓内布局是仓储中心规划的重点内容，且在进行布局规划时需要考虑的要素非常多，包括仓库的规模和功能、订单结构、商品周转率、商品存储方式、出入库流程、投资预算、土建基础、仓储中心的定位、货品特性、作业流程、设备选用等，并在此基础上对各功能区域的布局进行综合测算及布局规划。

1. 布局规划应遵循的原则

(1) 单元负载原则。依据产品的大小和负荷形式，决定物品的搬运、存储单位，物品不允许直接置于地上，宜使用单元负载容器作为基本搬运单位。

(2) 简单化原则。及时删除、减少及合并非必要的移动设施和设备，以简化搬运工作。

(3) 标准化原则。尽可能使搬运方法、容器、托盘及设备标准化。

(4) 缩短搬运距离原则。以缩短物料搬运距离为目标，并避免物料倒退与回流的现象。

(5) 机械化、自动化原则。经常性、常规性耗费体力的搬运作业，宜采自动化设备来替代人力，提高生产作业效率。

(6) 合并原则。将相关作业重整，力求在运输时合并检验、存储、制造等作业，以简化作业内容。

(7) 及时化原则。适时、适量搬运正确物品至指定地点。

(8) 空间利用原则。对立体空间进行有效利用，如使用立体化储架、积层架等。

2. 存储作业区域规划的相关要素

物流仓储中心最重要的功能就是存储，所以存储区是物流仓储中心最重要的区域，也是物流仓储中心占地面积最大的一个区域。有效而科学地规划，可以提高仓储区域的空间利用率和存储效率，有效地和前后续作业环节高效衔接，进而提高整体仓储作业效率。

存储作业区域的主要功能是存放货物，在大型的仓储中心，比如京东电商零售类仓储中心，所存储的物品种类繁多，如何进行仓储货物的存放，按照什么原则进行存储，以提高出入库的效率，是存储作业区域规划需要考虑的要素。进行存储作业区域规划时，主要考虑以下几大要素：仓储空间、订单货品、人员与设备、储位规划与存储策略。

1) 仓储空间

仓储空间是物品的保管空间，规划时需要考虑空间大小、柱子排列、柱间距、梁下高度、通道宽度、设备回转半径等基本要素，再结合货架设备的选择等其他相关因素的分析，才可以做出具体方案。

2) 订单货品

货品是物流仓储中心最重要的组成要素之一。货品的特性、在仓储空间的摆放方式，以及对货品的管理和控制是仓储系统需要解决的关键问题。项目一中已经重点介绍了仓储规划中常用的几种货品分析方法，主要是对出入库流量、周转率、订单品项进行分析。总体来说，主要从表3-16所示几方面进行分析。

表3-16　仓储规划中需要考虑的与货品相关的要素

分析维度	重点要素
供应商	货品是由哪些供应商进行采购，有无行业特性及影响
货品特性	货品的体积、种类、包装、周转率、季节性分布，以及物理性质、温湿度要求、气味等
数量	生产量、进货量、库存量、出库量等
进货时效	采购提前期、采购作业的特殊需求等
品项	种类类别、规格大小等
存储单位	单品、标准箱、托盘或其他存储单位
存储策略	定位存储、随机存储、分类存储或其他存储方式
储位指派原则	靠近出口，以提高周转率为原则或其他原则
其他因素	货品特性、补货方便性、单位在库时间、物品互补性等

3) 人员与设备

传统仓储中心主要是人工作业，因此在作业效率方面主要根据产能需求规划作业人员数量。而自动化仓储中心主要采用智能设备，需要对智能设备的产能进行分析，在满足智能设备产能需求的基础上考虑人员配比，包括在什么作业环节进行人工作业，并计算人员需求量。

4) 储位规划与存储策略

储位管理就是对物流仓储中心的储位空间进行合理规划与分配，对储位进行编码，对各储位所存储的货品数量进行监控及对质量进行维护等一系列管理工作的总称。储位规划主要包括仓储空间的规划与分配、储位指派、储位编码、储位存货数量控制、储位盘点等工作。在规划阶段，主要是结合货品分析结论对储位进行规划，包括选择存储货架、存储策略。

存储策略是决定货物在存储作业区域存放位置的方法或原则，包括定位存储、随机存储、分类存储等方式。

3. 拣选作业区域规划的相关要素

拣货作业是依据订单要求或物流仓储中心的送货计划，尽可能迅速、准确地将物品从其储位或拣选区域拣选出来，并采用一定的方式进行分类、集中、出库的过程。拣选作业的效率会直接影响物流仓储中心的作业效率和经营效益，是物流仓储中心服务水平的重要标志。因此，如何在无拣选错误率的情况下，将正确的货品、准确的数量在合适的时间及时拣货、集合、出库、发送，也是仓内布局规划中需要考虑的重要因素。

在拣选作业区域规划过程中，需要根据拣货单位（单品、箱、托盘等），结合拣选策略，来规划拣货流程、模式及相匹配的设备。拣选策略是影响拣选作业效率的重要因素。决定拣选策略的4个要素为分区策略、订单分割策略、订单分批策略及分类策略。

1) 分区策略

分区就是将拣选作业场地进行区域划分，根据划分原则，有以下4种分区策略。

(1) 按货物特性分区。按货物特性分区就是根据货物的特性，将需要特别存储、搬运或分离存储的货物进行分区，以保证货物的品质在存储期间不变质。

(2) 按拣选单位分区。按拣选单位分区就是将拣选作业区按拣选单位划分，如箱装拣选区、单品拣选区或托盘拣选区。其目的是使存储的单位与拣选单位统一，以方便拣选与搬运单元化。一般来说，按拣选单位分区所形成的区域范围是最大的。

(3) 按拣选方式分区。不同的拣选单位分区中，按拣选方式和设备又可分为若干区域，通常以货物ABC分类为原则，选用合适的拣选设备和拣选方式，其目的是使拣选作业单纯、一致，减少不必要的重复行走时间。

拣选分区与存储分区的关联度是非常高的，两者存储逻辑基本一致。在高度自动化的智能化仓储中心，会产生直接在自动化存储货架进行拣选的作业环节。

2) 订单分割策略

将订单按拣选区域进行分解的过程称为订单分割。当客户订单上的货物品项较多时，为了能在短时间内完成拣选作业，可将订单分成若干个子订单，并交由不同拣选区域同时进行拣选作业。

3) 订单分批策略

订单分批是把多张订单集合成一批，进行批次拣选作业，其目的是缩短拣选的平均搬运距离和时间。若再将每批次订单中的同品项货物加总后分拣，然后把货物分给每一个顾客订单，从而形成批量拣选，这样不仅缩短了拣选的平均搬运距离，也减少了重复寻找货位的时间，使拣选效率提高。

4) 分类策略

当采用批量拣选方式进行作业时,货物拣选完毕后还必须分类,因此需要选择合适的分类策略。可以在拣选时分类或者拣选后集中分类,分批进行批量合计拣选后再集中分类。自动化仓储中心主要利用分类输送机进行集中分类,订单分割越细、分批批量品项越多,该方式的效率越高。

三、实施方法

(一)划分功能区域

按照物流仓储中心的设施需求,基本上可以将仓储中心划分为三大区域:物流作业区域、辅助作业区域、仓储建筑外围区域。

根据功能划分,常见的区域包括存储区、生产区、收货区、接货区、内配区、退货区、耗材区、废旧纸箱区、叉车充电区、生产办公区、综合办公区。

以上区域基本是进行仓储中心规划时都会包含的几大区域,涉及特殊行业、特殊物料的仓储中心可能还会包含一些个性化的区域。在规划过程中,结合行业特性确定了功能区域后,再结合整个厂房的面积及生产需求进行每个具体功能区域作业方式及相关设备的选择、各功能区域面积测算、布局位置的设计等。

物流仓储中心的主要功能区域如表3-17所示。

表3-17 物流仓储中心的主要功能区域

功能区	主要功能
管理区	仓储中心内部行政事务处理、信息处理、业务洽谈、订单处理及指令发布的场所区域,一般位于仓储中心的出口
进货区	负责货物的收、卸、检查、搬运和暂存
存储区	保管暂不配送但要进行安全储备的货物的场所,通常配有多层货架和用于集装单元化的托盘
加工区	根据流通或者销售的需要进行必要的生产和流通性加工的区域,如打包、复核、合流、rebin
分拣配货区	根据收到的订单进行货物的拣选、分类和配货
发货区	对所要配送的货物进行检查、待送前暂存和发货
退货处理区	存放进货残损、不合格或需要重新确认的等待处理的货物
废弃物处理区	对废弃包装物(塑料袋、纸箱等)、破碎货物、变质货物、加工残屑等废料进行清理或回收利用
设备存放维修区	存放堆高机、托盘、叉车等设备以及充电、维护设备

规划功能区域的过程中,每个功能区域需要考虑的要点不同,如表3-18所示。

表 3-18　各功能区域规划考虑的要点

作业区域	规划要点
进出货平台	进出货口共享与否、进出货口临近与否、装卸货车辆进出频率、装卸货车辆型号、有无装卸货物配合设施、物品装卸载特性、装卸货车辆回车空间、装卸货所需时间、供应商数量、配送客户数量、进货时段、配送时段
进货暂存区	每日进货数量、托盘使用规格、容器流通程度、进货点的作业内容、进货等待入库时间
理货区	理货作业时间、进货品检作业、品检作业时间、容器流通程度、有无拆盘配合设施
仓储区	最大库存量需求、物品特性、物品品项、储区规划原则、储位指派原则、存货管制原则、自动化程度需求、物品使用期限、存储环境需求、盘点作业方式、物品周转效率、未来需求变动趋势
拣货区	物品特性、配送品项、每日拣出量、订单处理原则、订单分割条件、订单汇总条件、客户订单数量资料、订单拣取方式、有无流通加工作业需求、自动化程度需求、未来需求变动趋势

本任务重点介绍存储区，进、出货作业区域、通道和其他辅助作业区域的规划方式。

（二）存储区规划

存储区主要用来存储货品。存储区规划时，首先要结合货品订单的相关数据进行分析，可以采用前述内容中所介绍的 ABC 分类法、EIQ 分析法、PCB 分析法等，通过分析货品的物流属性来判断存储策略。存储区占库房面积比例最大，位置选择性不强，由库房条件决定。存储区规划流程如图 3-25 所示。

图 3-25　存储区规划流程示意

存储区规划中的主要工作如下。

1. 存储区储运量数据分析

数据分析的主要目的是通过分析订单出入库量、周转率、入库单位等，确定存储策略，包括存储货架的选择、存储位置。此处不再单独描述数据分析方法，详细内容可参考项目一。

存储区储运量数据中，周转率可作为初步规划或储量概算的参考，并于后续规划过程中逐步将估算值修正为精确值。周转率估算步骤如表 3-19 所示。

表 3-19 周转率估算步骤

估算步骤	估算说明
年运转量计算	将物流仓储中心的各品项进出产品换算成相同单位的存储总量，汇总各品项全年的总量后，可得到仓储中心全年的运转量。实际计算时，如果产品特性差异很大（如干货与冷冻品）或基本储运单位不同（如箱出货与单品出货），可以分别加总计算
估计周转率	确定未来物流仓储中心仓储量周转率目标，目前一般食品零售业的年周转次数为20～25次，制造业为12～15次。零售企业在设立物流中心时，可针对经营品项的特性、产品价值、附加利润、缺货成本等因素，决定仓储的周转次数
估算仓容量	以年仓储吞吐量除以周转次数来计算仓容量
估计宽放比	估计仓储运转的变动幅度，以估算的仓容量乘以变动幅度，求出规划仓容量，以对应高峰时刻的高运转量，如10%～25%。如果仓储中心商品进出货物的周期性或季节性趋势明显时，需要研究整个仓储运营政策是否能满足最大需求，或者是否可经由采购或接单流程的改善来达到需求平稳化的目的，以避免宽放比过高，增加仓储空间，造成投资浪费
汇总	实际规划仓储空间时，可依商品类别分类计算年运转量，并根据产品特性分别估计年周转次数及计算总仓容量后汇总

通过表 3-19 所示步骤计算形成存储区周转率计算仓容量表，如表 3-20 所示。

表 3-20 存储区周转率计算仓容量表

商品名称	年运转量	周转次数	估计仓容量=仓储吞吐量/年周转次数	变动幅度/%	规划仓容量=估计仓容量×(1+变动幅度)

2. 仓储分区规划

商品入库后放在存储区，当有订单出库需求时找到对应商品并拣货下架，存拣模式一般可分为存拣区域合并模式与存拣区域分离模式两种。

存拣区域合并模式，就是在整件存储区域直接拣货下架，这种方式比较适合订单品项较多，但出货量不大的情况。存拣区域分离模式，简单说就是把存货区与拣货区分开，存货区就是整件存储区，拣选区也称为零拣区。所以一般来说，仓储区由补货区和拣货区构成，补货区主要是集中整件存储，拣货区主要是拆零存储，便于拆零拣选。当拆零拣货区域库存低于安全库存，仓储管理系统会提示报警，由整件存储区向拆零区域进行补货。补货区与拣货区布局关系如图 3-26 所示。

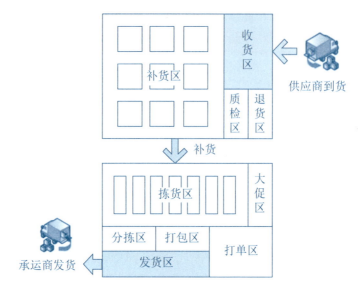

图 3-26 补货区与拣选区布局关系示意图

存储区的功能区块有横梁货架区、搁板货架区、地堆区、自动化立体仓库。存储功能区块及配套设备如表 3-21 所示。

表 3-21 存储功能区块及配套设备

功能区块	设备配置	配套存储最小单位	适用情况	规划原则
横梁货架区	通常使用横梁式货架存储,根据库房有效高度确定配置何种高度的货架	托盘存储	件型较大,重量较大	①靠墙货架离墙距离 500mm ②背靠背货架间距 300mm ③拣货通道宽度 3 200～3 500mm ④主通道宽度不低于 3 500mm ⑤拣货通道径深 13～20m
搁板货架区	通常使用中型搁板货架、单深小型搁板货架、双深小型搁板货架存储	单一货位,容器货位,自定义分格货位	件型较小,重量较轻,适用于拣选区域	①靠墙货架离墙距离 300mm ②背靠背货架间距 20mm ③拣货通道宽度 800mm ④主通道宽度 3 200～3 500mm ⑤拣货通道径深 8～12m
地堆区	通常使用木托盘存储	托盘存储	适用于暂存区	①靠墙货架离墙距离 300mm ②背靠背货架间距 100mm ③拣货通道宽度 1 500mm ④主通道宽度 3 200～3 500mm ⑤拣货通道径深 8～15m
自动化立体仓库	普通自动化立体仓库	托盘存储	整件拣选	—
	箱式自动化立体仓库	以料箱存储为对象的自动化立体仓库	拆零拣选	以料箱存储为主
	AGV	货格(自定义)	件型较小,重量较轻	主要布置在拆零拣选区
	多层料箱穿梭车	料箱存储(料箱里也可自定义存储单位)	用于拣货场景下,件型较小,重量较轻,货到人拣货	与箱式自动化立体仓库相比,存储效率进一步提升

3. 库位规划

1) 结合 PCB 分析法进行包装尺寸分析

结合 PCB 分析法对订单物流单位进行分析，对货物存储单元和拣货单元形式进行划分，可以划分为整托存储 (P)、整箱存储 (C) 和单品存储 (B)，由 PCB 分析决定的基本储运单位如表 3-22 所示。

表 3-22　由 PCB 分析决定的基本储运单位

编号	存储单位	分拣单位	记号
1	托盘	托盘	P→P
2	托盘	箱	P→C
3	箱	箱	C→C
4	箱	单品	C→B
5	单品	单品	B→B

分析得出主要的存储方式 (此处不讨论异形件存储)，根据存储单元的尺寸和存储量，可计算所需要的存储空间面积。

2) 库位需求计算

通过数据分析以及 PCB 分析，对存储物品的属性进行整理，汇总成"存储物品基础数据表"，如表 3-23 所示。

表 3-23　存储物品基础数据表

物料名称	库存数量	周转率	PCB 属性				
			存储单位	长度	宽度	高度	重量

依据表 3-23 中的内容，以及库存量与货品存储包装单位，计算确定货品的分类等级 (ABC 分类) 和相应需要的库位总数，采用的计算公式如下：

存储单元可存储的货品数量 = 存储单元 (PCB 代表的形态) 尺寸 / 单个品项尺寸　(3-5)

库位需求数量 = 货品库存量 / 存储单位内的单个物料数量　(3-6)

上述计算公式不仅可以计算每一个最小存储单位所需要的库位数量，也可以根据货品的存储单位 (如整托、箱) 尺寸计算所需的库位数量。

对于异形件，如汽车行业零配件的异形件种类繁多，需要进行特殊分析，此处不进行深度讨论。以上公式可大致估算库位需求，实际项目中，也会根据实际存储货品的品类相对应的存储策略进行调整，此处不再详细说明。

3) 存储库位面积需求预测

因为存储区的规划与具体的存储策略和方式密切相关,所以存储面积要结合存储方式对应的存储货架规格进行计算。

(1) 计算托盘地面堆垛存储的面积需求。

第一种情况,物品以托盘堆垛方式存储,堆垛高度为一层,如图3-27所示。

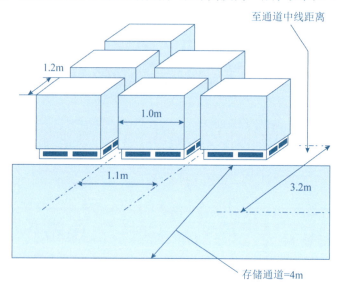

图3-27 托盘地面堆垛存储(一层)示意图

托盘地面堆垛(一层)需求面积计算如表3-24所示。

表3-24 托盘地面堆垛(一层)面积计算表

计算公式	深度=1/2通道宽度+托盘长度×托盘行数
	宽度=托盘宽度+托盘间距
	每个托盘的占地面积=(深度×宽度)/托盘数
每个托盘的存储面积	1个托盘深的存储面积=(3.2m×1.1m)/1=3.52m²/托盘
	2个托盘深的存储面积=(4.4m×1.1m)/2=2.42m²/托盘
	3个托盘深的存储面积=(5.6m×1.1m)/3≈2.05m²/托盘

第二种情况,物品以托盘堆垛方式存储,堆垛高度为多层,存储面积的计算如表3-25所示。

表3-25 库位存储面积计算

托盘深	1层高	2层高	3层高	4层高
1个深	3.52m²/托盘	1.76m²/托盘	1.17m²/托盘	0.88m²/托盘
2个深	2.42m²/托盘	1.21m²/托盘	0.81m²/托盘	0.61m²/托盘
3个深	2.05m²/托盘	1.03m²/托盘	0.68m²/托盘	0.51m²/托盘
4个深	1.87m²/托盘	0.94m²/托盘	0.62m²/托盘	0.47m²/托盘

(2) 计算使用托盘横梁货架存储的面积需求。

若使用托盘横梁货架来存储物品，则计算存储空间时除了考虑货品尺寸、数量、托盘尺寸、货架形式及货架层数外，托盘货架因存取所需的通道空间也需要一并考虑，因为该通道不是部门间通道，而是属于存储区的作业通道。一般而言，通道占全部存储区面积的35%～40%。货架可以容纳多少个货位是已知的，根据公式(3-2)，可以计算需要多少个货架。

因此，存货所需的货位和货架数量为

$$\text{货位需求数量} = \text{货品库存量} / \text{存储单位内所存储SKU数量} \quad (3\text{-}7)$$

$$\text{货架需求数量} = \text{货位需求数量} / \text{单组货架的货位数量} \quad (3\text{-}8)$$

由此可以得出：

$$\text{横梁货架占地面积} = \text{单组货架的占地面积} \times \text{货架需求组数} \quad (3\text{-}9)$$

例如，单组横梁货架是5层，每层可以放置2个托盘，每层的层高1.5m，净高为1.4m。假设单一SKU的体积规格是500mm×600mm×300mm，标准托盘规格是1m×1.2m，那么单个托盘一层可以放置4个SKU，1.4m净高可以放置4层，那么一个托盘可以放16个SKU。一组货架的一层可以放2个托盘，那么一层就可以放置32个SKU，整个货架有5层，就可以放置32×5=160个SKU(SKU可以箱为单位)。

假设目前仓储中心货品X的库存量为1 600个SKU，那么根据公式(3-2)和(3-3)，可以计算该货品的货架需求数量：

货品X的货位需求数量=X的库存量/单个托盘存储SKU数量=1 600/16=100

货架需求数量=货位需求数量/单组货架货位数量=100/10=10(组)

说明：一组货架一层有2个货位托盘，因此一组货架有10个货位。

横梁货架的标准规格为2 480mm×1 200mm，那么一组货架的占地面积为2.976m^2，则货位需求面积计算如下：

横梁货架占地面积=单组货架占地面积×货架需求数量=2.976/10=29.76(m^2)。

(3) 自动化立体仓库的规划与设计。

自动化立体仓库是应用了自动化存储系统的智能化仓库，由于其自动化、智能化的特性，极大地提高了传统仓储中心的作业效率，此处单独进行说明。

自动化立体仓库的主体由货架、巷道式堆垛起重机、入(出)库工作台、自动运进(出)及操作控制系统组成。货架是钢结构或钢筋混凝土结构的建筑物或结构体，货架内是标准尺寸的货位空间，巷道式堆垛起重机穿行于货架之间的巷道中，采用计算机及条形码技术完成存、取货的工作。自动化立体仓库设备的相关内容将在后续课程中介绍，此处主要对自动化立体仓库的面积计算方法进行说明。

图3-28为自动化立体仓库面积计算示意图。

假设自动化立体仓库的货架有 M 排、N 列、H 层。其中，货格长度为 L_p，宽度为 W_p，高层货架区与作业区衔接的长度为 L_1；巷道宽度 W_1，共有 m 个巷道。规定一个货格存放两个单位货位（托盘或标准箱）的货物，则总货位数为

$$Q=MNH \tag{3-10}$$

自动化立体仓库的总长度为

$$L=2L_1+NL_p$$

自动化立体仓库的总宽度为

$$W=(2\times W_p+W_1)m \tag{3-11}$$

由此，可以计算出自动化立体仓库的平面面积为

$$A=LW=(2L_1+NL_p)\times[(2W_p+W_1)m] \tag{3-12}$$

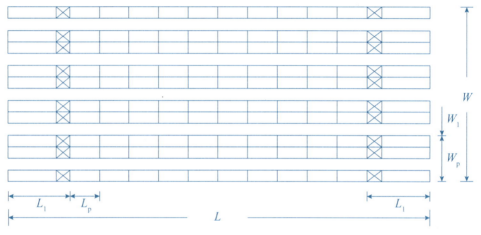

图 3-28　自动化立体仓库面积计算示意图

4. 拣选方式规划

上文介绍了两种存拣模式——存拣区域合并模式和存拣区域分离模式。以上两种模式的适用场景在前面也做了简单的说明，这两种场景和存拣模式的重点考虑因素就是拣选的品项数量、订单量、出库量等。规划过程如下。

1）拣货区储运量分析与规划

物流仓储中心拣货区与存储区的规划方式类似，但是应注意存储区的容量要满足一定期间（厂商送货期间）的出货需求，因此对进出货的特性及处理量均应加以考虑；而拣货区则以单日出货货品所需的拣货作业空间为主，故以品项数及作业面为主要考虑因素。一般拣货区的规划不需要包含当日所有出货量，当拣货区货品不足时，在存储区补货。拣货区储运量计算步骤及说明如表 3-26 所示。

表 3-26　拣货区储运量计算步骤及说明

计算步骤	计算说明
年出货量计算	将仓储中心的各项进出货品换算成相同拣货单位的拣货量,并估计各产品类别的年出货量,如果产品物性差异很大(如干货与冷冻品)或基本储运单位不同(如箱出货或单品出货),可以分别加总计算
估计各产品类别出货天数	按产品类别估计年出货天数
计算各产品类别平均出货天数的出货量	将各产品类别的年出货量除以年出货天数
ABC 分类	按产品类别进行年出货量及平均出货天数的出货量 ABC 分类,并确定出货量高、中、低的等级及范围。在后续规划阶段,可针对高、中、低类的产品族群做进一步的物性分析,以进行适当的分类及分组。若还要进行初步的拣货单位估算,可依出货量的高、中、低设定不同的拣货区存量水准,再乘以各类别的货品品项数,即可求得拣货区储运量的初估值
ABC 交叉分析	如果需要进一步考虑货品出货的实际情形,则需要将年出货量配合单日出货量加以分析。针对年出货量及平均出货天数出货量的高、中、低类别进行组合交叉分析,其出货类型可按照出货特性做适当的归类,再做不同存量水准的规划

出货量 ABC 分类示意如图 3-29 所示。

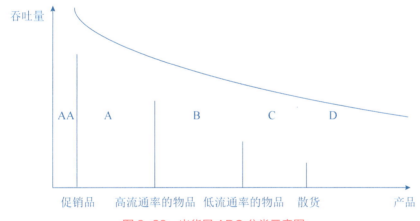

图 3-29　出货量 ABC 分类示意图

通过出货量 ABC 分类,对货物的出货特性进行判断,由此可以根据货品的 ABC 分类特性确定它的存储方式和拣选方式,并进一步确定拣选布局规划。按出货类型分类结果如表 3-27 所示。

表 3-27　按出货类型分类结果

分类	年出货量	日均出货量	出货天数	存储方式	拣选方式
A	大	大	200~300天	出货最多的主力产品群,仓储拣货系统的规划应有固定库位,并有较大的存量水准	估计所需拣货空间时,需要提高其宽放率

续表

分类	年出货量	日均出货量	出货天数	存储方式	拣选方式
B	大	小	200天	虽然单日出货量不大，但因为出货天数频繁，仍需要妥善规划，以固定库位方式为主，但存量水准可较低	估计所需拣货空间时可减少其宽放率，减少多余的拣货空间，当实际拣货作业发生缺货时，再以补货方式补足拣货区的存量
C	小	小	大于200天	出货量不高，但是出货天数超过200天，处理最烦琐的少量货品，通常可能为单品出货	—
D	中等	小	200~300天		—
E	大	大	少	可能集中于少数几天内出货，可视为出货特例，应以临时库位的方式处理，避免全年占据库位	—
F	小	小	少	通常品项数很多，可以临时库位或弹性库位的方式处理，避免占据过多库位	—
G	中等	小	少	以临时库位方式处理，避免全年占据库位	—
H	中等	—	30~200天	以固定库位方式为主，但存量水准亦为中等	—

以上述分类为参考，实际规划过程中仍须根据服务需求及出货特性来调整按范围及类型所做的分组，以掌握实际出货的动态特征。拣货区规划如表3-28所示。

表3-28 拣货区规划表

拣货区规划	作业方式	拣货量	出货频率	适用类型
拣货区与存储区分区规划	由存储区补货至拣货区	中	高	拆零零散出货；B2B整箱出货
拣货区与存储区位于同一区，分层规划	由上层存储区补货至下层拣货区	大	中	以横梁货架存储为主，整箱出货，货品周转快
拣货区与存储区合并规划	不另设存储区，直接于库位上进行拣货	小	低	应用于人工仓库，库房面积大，少量零星出货

2) 拣货模式布局规划

(1) 存储区与拣选区合一的模式。存储货架和拣选货架不分开，即直接从存储保管区的货架拣取货品，不通过专门的拣选货架，涉及两种模式。

第一，使用两面开放式货架。货架的正面和背面呈开放状态，两面都可以直接存放或拣取货品，也可以从一面存入，从另一面取出。还可以配合传送带进行作业，货品可以按先进先出原则流向拣选区。进货→保管→拣货→出货是单向的流动线。在入库区把货品直接从货车卸于入库输送机上，入库输送机就自动将货品送到存储区。在存储区采用重力货架保管货品，作业员在重力货架补给侧将货品放入，货品便自动流向拣货区侧，从而提高了拣货效率。拣货后，将拣完的货品立即放在出库输送机上，出库输送机会自动把货品送到出货区。出库量频繁和拆零作业比较多的零售类企业仓储配送中心适合采取这样的布局模式。使用两面开放式货架的拣选模式如图 3-30 所示。

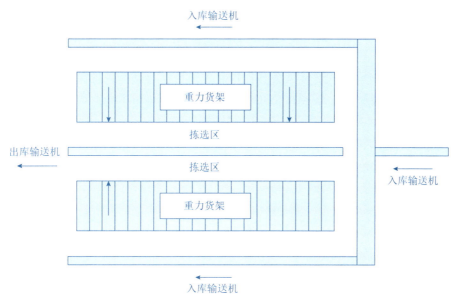

图 3-30　使用两面开放式货架的拣选模式

第二，使用单面开放式货架。货架只能从单面存取货物，货品的入库和出库必须在货架的同一侧进行，由同一条输送带送入、送出商品。这种模式可以节省货架的占用空间，入库作业和拣选出库作业必须分开，否则容易造成作业冲突和作业错误。使用单面开放式货架的拣选模式如图 3-31 所示。

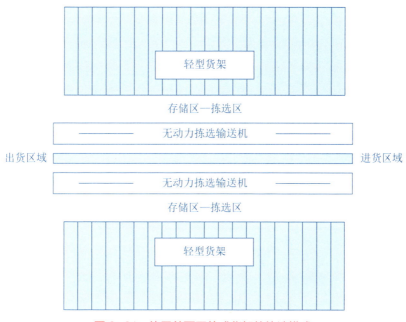

图 3-31　使用单面开放式货架的拣选模式

基于上述两种模式,如果要在有限的空间里处理大规模货品,也可考虑采用阁楼式货架:下层规划重型货架,采用 P→C 拣货模式;上层负重轻,安排轻型货架,采用 C→C 拣货模式。用上下层将不同货品分开处理,不仅能够提高空间利用率,还可将 P→C 与 C→C 两种拣货模式组合应用。

2) 存储区与拣选区分离的拣选模式

将货品的存储区域和拣选区域分离,货品入库后在存储区进行保管,拣选前先由存储区通过补货作业将货品补充到拣选货架上,再从拣选货架上拣取货品。此模式适用于货品品种数量较大,进出的物流单位较大,进出频率较高,而且出货单位属于拆零的货品拣选。例如,以托盘或箱为单位进货,以内包装和单品为单位出货的货品,可以通过补货拆装后补充到拣货区,再在拣货区拣取货物。存储区与拣选区分离的拣选模式如图 3-32 所示。

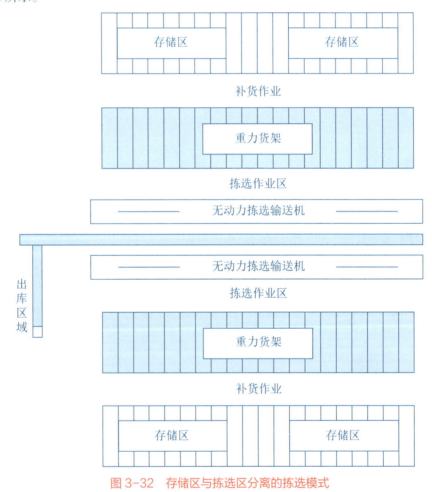

图 3-32　存储区与拣选区分离的拣选模式

存储区与拣选区分离模式的优点在于可以实施有效的库存管理,提高作业效率,减少拣选作业的行走距离,提高拣选作业效率。对货品的存储和拣选库位进行分类,实施 ABC 分类管理,优化作业功能。

（三）进、出货作业区域规划

进、出货作业区域规划与设计的主要内容是进、出货平台(收发平台、月台)的规划与设计。进、出货平台主要包括进货平台、出货平台，即进、出货共用平台。进货平台是物品的入口，出货平台是物品的出口。进、出货平台的基本作用是提供车辆的停靠和物品的装卸、暂存，利用进、出货平台能方便地将货物卸出或装进车厢。进货时的物品一般要经过拆装、理货、检查与暂存等工序，才能进入后续作业。因此，在进、出货平台区域，一般会规划出一定的区域作为暂存区、理货区。

前文已经介绍了关于月台规划的内容，此处不再单独说明。

（四）通道规划

通道在一定程度上决定了物流仓储中心的区域分割、空间利用、运作流程及物流作业效率。通道规划的原则是使人员与物品的移动方向形成固定的流通线，并以此为依据提高空间利用率。

通道的规划主要包括通道设置规划和宽度设计。就一般物流仓储中心作业性质而言，可以采用中枢通道式，即主要通道穿过物流仓储中心的中央，这样可以有效利用空间，同时考虑使搬运距离最短、防火墙位置、行列空间和柱子间隔、服务区与设备的位置、地面承载能力、电梯和斜道位置，以及出入的方便性等。

1. 通道的设计顺序

设计通道时，首先设计仓储中心门口位置的主要通道，其次设计出入部门及作业区域的辅助通道，最后设计服务设施、参观走廊等其他通道。中枢通道布置形式如图3-33所示。

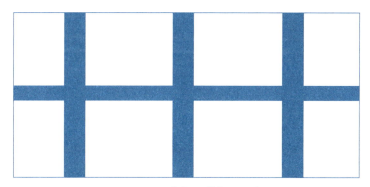

图3-33 中枢通道布置形式

2. 通道宽度的设计

通道宽度需要根据不同作业区域、人员或车辆行走速度，以及单位时间内同行人员、搬运物品体积等因素而定。

1) 叉车通道

影响叉车通道宽度的因素有叉车车型、规格尺寸及托盘规格尺寸等。在设计时，要根据所选厂家具体叉车产品的实际情况计算。设计时，余量尺寸可以参考下列数据。

叉车侧面余量尺寸 C_0：150～300mm。

会车时两车最小间距 C_m：300～500mm。

保管货物之间距离余量尺寸 C_p：100mm。

(1) 直线叉车通道宽度。直线叉车通道宽度取决于叉车宽度、托盘宽度和侧面余量尺寸，分为单行道和双行道两种。

单行道直线叉车通道宽度的计算如图 3-34 所示，通道宽度 W 的计算公式为

$$W = W_p + 2C_0 \tag{3-13}$$

$$W = W_B + 2C_0 \tag{3-14}$$

式中，W 为单行道直线叉车通道宽度，W_p 为托盘宽度，W_B 为叉车宽度，C_0 为叉车侧面余量尺寸。当 W_p 大于 W_B 时，用公式 (3-13) 计算；反之，用公式 (3-14) 计算。

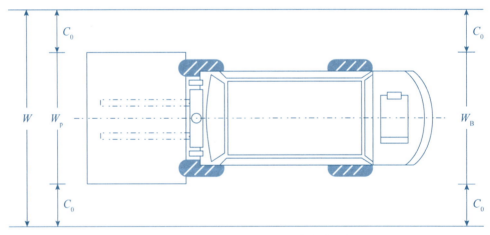

图 3-34　单行道直线叉车通道宽度计算示意图

双行道直线叉车通道宽度的计算如图 3-35 所示，通道宽度 W 的计算公式为

$$W = W_{p1} + W_{p2} + 2C_0 + C_m \tag{3-14}$$

$$W = W_{B1} + W_{B2} + 2C_0 + C_m \tag{3-15}$$

式中，W 为双行道直线叉车通道宽度；W_{p1}、W_{p2} 为托盘宽度，W_{B1}、W_{B2} 为叉车宽度，C_0 为叉车侧面余量尺寸，C_m 为叉车会车时最小距离。当 W_p 大于 W_B 时，用公式 (3-14) 计算；反之，用公式 (3-15) 计算。

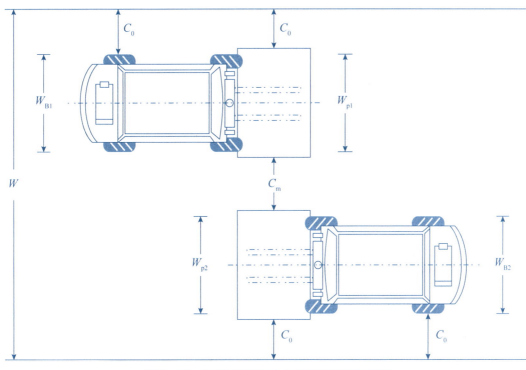

图 3-35　双行道直线叉车通道宽度计算示意图

(2) 丁字形叉车通道宽度。丁字形叉车通道宽度的计算如图 3-36 所示。通道宽度取决于叉车宽度,但由于仓储中心所选叉车可能有多种规格,设计通道宽度时,首先应确定在通道行驶的叉车的最大宽度,也就是需要确认叉车的最大尺寸。

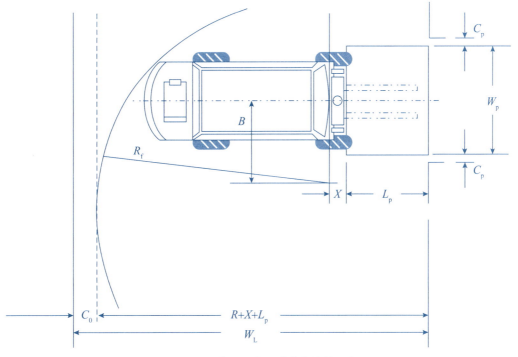

图 3-36　丁字形叉车通道宽度计算示意图

丁字形叉车通道宽度 W_L 按照如下方式计算：

$$W_L = R_f + X + L_p + C_0 \tag{3-16}$$

式中，W_L 为丁字形叉车通道宽度，R_f 为叉车最小转弯半径，X 为旋转中心到托盘距离，L_p 为托盘长度，C_0 为叉车侧面余量尺寸。

(3) 最小直角叉车通道宽度。最小直角叉车通道宽度的计算示意如图 3-37 所示。

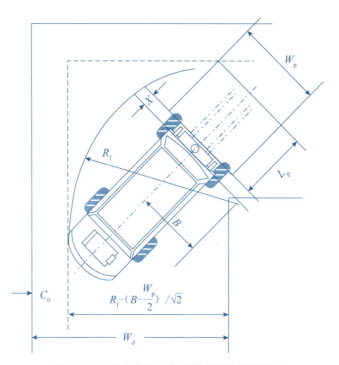

图 3-37　最小直角叉车通道宽度计算示意图

当叉车直角转弯时，必须保证足够的最小直角叉车通道宽度 W_d，计算公式如下：

$$W_d = R_f - (B - \frac{W_p}{2})/\sqrt{2} + C_0 \tag{3-17}$$

式中，W_d 为最小直角叉车通道宽度，R_f 为叉车最小转弯半径，B 为旋转中心到车体中心的距离，W_p 为托盘宽度，C_0 为叉车侧面余量尺寸。

当叉车规格确定后，可按照公式 (3-17) 计算最小直角叉车通道宽度。

2) 人行通道

人行通道除了正常情况下供员工通行外，还用于人工作业、维修和紧急逃生等，其宽度主要由仓库面积及人员流量来决定。一般情况下，人行通道宽度为 0.8～0.9m，如果是大型仓库且人流量大的话，可设置为 1.2m。

3) 手推车通道

手推车通道宽度为车体宽度加上两倍的侧面余量尺寸。一般情况下，单行道时，手推车宽度为 0.9～1.0m；多行道时，宽度可设计为 1.8～2m。

表 3-29 所示为通道宽度参考值。

表 3-29　通道宽度参考值

通道类型或使用设备	宽度/m	转弯半径/m
中枢主通道	3.5～6	
辅助通道	3	
人行通道	0.75～1	
小型台车	0.7～1.2	
手动堆高机	1.5～2.5	1.5～2.5(视载重而定)
平衡重式叉车	3.5～4	3.5～4
前移式叉车	2.5～3	2.5～3
巷道式堆垛机	2～2.5(1 100mm×1 100mm 托盘)	1.7～2
手推车	1	

（五）其他辅助作业区域规划

物流仓储中心运营过程中，虽然辅助作业区域与物流作业程序并无直接关联，但仍然需要在物流作业区域规划完成后再进行辅助作业区域的规划。实践中，辅助作业区域通常与物流作业区域同步确认，通盘规划，避免后续进行大的调整。仓储中心辅助作业区域与配套设施包括办公区、设备存储区、耗材存储区、设备充电区等行政办公及辅助区域。这些区域的规划应根据仓库的整体面积，结合核心功能区域的规划进行整体布局设计。

四、任务实施

●项目背景

LT 企业的新建仓储中心位于所在城市物流园内，规划未来主要用于 B2B 业务，主要库存商品为便利店常备商品，主要品类为酒水、饮料及其他食品类。

结合目前仓库运营情况及后续业务发展预测，仓库主要承担其省内区域的配套便利店商品的存储、分拣、配送业务。商品形态及库内作业业态为典型的 B2B 业务形态，同时有较为明显的峰值，有较好的仓储自动化运营基础，但须同时考虑整体作业柔性应满足峰值需求。因此，仓库内部工艺设计应在满足业务需求的基础上，适当使用自动化、智能化设备。

目前物流园园区管理及车辆管理方式较为原始，多采取人工管理的方式，在后续业务量持续增大的情况下，园区智能管理、月台调度、车辆在园管理及车辆在途管理都需要加强。企业希望通过新仓库的设计与建设提升仓储运转效率，且希望能够结合 5G 通信技术、IoT(Internet of things，物联网) 设备、人工智能等，实现整个园区、车辆的智能化管理。

通过仓储智能化、园区管理智慧化的提升，将该物流园打造成立足所在市，辐射全省，具有标杆性和示范性的 5G 智慧园，探索物流仓储行业智慧化管理路径，打造智能物流仓储中心示范样本。

本任务中，基于对企业基础数据的分析，进行仓储中心的布局规划，主要完成以下工作：

(1) 仓库吞吐量分析、订单结构分析；
(2) 存储区的功能区域划分；
(3) 储运单元的设置；
(4) 仓储中心整体布局规划。

● 规划过程

1. 基础条件

当前仓库建筑占地面积 8 064m²，最大开面 119m，最大进深 91m，建筑局部形状不规则。建筑结构为单层钢结构建筑，柱网局部为门架梁，对使用高度有影响，其余区域工艺净高目测 12m 左右，建筑为外月台形式，外月台宽度 6.2m，目前建筑已建设完成，具备设备进场实施条件。仓储中心平面如图 3-38 所示。

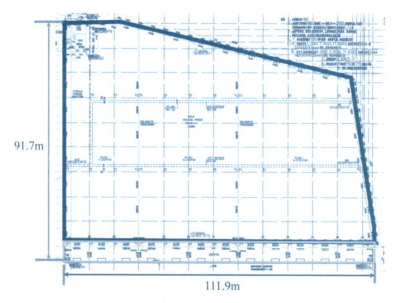

图 3-38　仓储中心平面图

2. 企业现有业务情况及历史数据概述

目前新仓为空置状态，项目完工后，企业会将现有其他仓库的相关业务转移至新仓库。企业当前主要业务形态为 B2B 业务，主要库存商品为便利店常备商品，主要品类为百货、酒类、汽车用品、食品、宣传物料、饮料、原油加工及石油制品等。

1) 历史库存数据分析

企业可以提供 2019 年的相关库存数据，对数据分析后发现，在库 SKU 为 1 553 个，折合托盘总数 4 184 托，库存最大的品类为宣传物料和饮料类。表 3-30 为在库数据统计表，表 3-31 为商品大类库存分析统计表。

表 3-30　在库数据统计表

库存SKU数	库存总量	折合箱数	折合托盘数
1 553	6 245 939	251 066	4 184

表 3-31　商品大类库存分析统计表

商品大类	库存托盘数
百货	438
酒类	489
汽车用品	228
食品	584
宣传物料	1 190
饮料	1 120
原油加工及石油制品	136
总计	4 184

2) 大库存品项分析

对现有库存进行大库存品项目分析后，以库存托数 5 托为切点，库存量大于 5 托的品种 108 个，占比 6.95%；库存量大于 5 托的 SKU 库存总量 3 700 托，库存托数占比 90.89%。库存分布集中于小部分品类，并且集中于宣传物料和饮料两大类商品。表 3-32 所示为大库存品种及存量汇总表，表 3-33 所示为大库存品种分布明细表。

表 3-32　大库存品种及存量汇总表

库存大于5托的品种	大库存品种总托数	占比
108	3 700	90.89%

表 3-33　大库存品种分布明细表

库存大于5托的品类	托盘数
百货	383
酒类	435
汽车用品	217
食品	410
宣传物料(0成本、0销售)	1 169
饮料	989
原油加工及石油制品	99
总计	3 700

根据对现有即时库存数据的分析,对库存结构及库存状态有如下结论:①库存集中于少数品类商品;②单品库存深度较深。从库存数据分析结论来看,对于目前的库存结构,批量存储将是库内需要重点解决的问题。

3) 出库数据分析

根据企业提供的数据,统计各月整件分拣量与拆零分拣SKU数,分析得出:7月份为出库的高峰月,峰值月整箱出库件数386 035件,拆零分拣的SKU总计数61 520个。2019年出库汇总表如表3-34所示。

表 3-34　2019年出库汇总表

月份	整件分拣统计总量	拆零分拣SKU
1月份	195 235件	77 721
2月份	104 572件	38 477
3月份	175 082件	40 585
4月份	164 548件	43 224
5月份	228 035件	54 209
6月份	229 691件	44 918
7月份	386 055件	61 520
8月份	293 340件	48 211
9月份	194 747件	43 901
10月份	171 564件	55 801
11月份	127 548件	46 801
12月份	139 155件	59 973
平均值	200 798件	51 278
波动系数	1.92	1.20

为了确保仓库的仓储能力能够满足峰值的作业需求，选取峰值月的数据作为特征值进行出库业务分析。

4) 特征日确定

选取峰值月作为特征月后，对 7 月所有出库日的订单量及出库量进行了汇总分析，特征月 7 月合计出库 14 天，出库量呈现大小日不均的情况，相邻两天都有出库操作时，后一天出库量较小，对订单整体结构分析影响较大，考虑在订单结构分析中剔除较小日数据。7 月出库按日汇总出库量如表 3-35 所示。

表 3-35　7 月出库按日汇总出库量

日期	整箱出库箱数	动销SKU数	拆零SKU	订单门店数
7月1日	56 203	957	622	346
7月3日	70 580	887	582	381
7月4日	9 154	675	429	79
7月8日	74 859	1 043	694	379
7月10日	49 240	948	637	338
7月11日	8 401	693	450	75
7月14日	62 464	1 125	766	365
7月17日	44 096	1 078	746	323
7月18日	12 060	804	565	83
7月21日	55 726	1 142	786	387
7月24日	31 464	1 006	676	340
7月25日	30 357	764	500	78
7月28日	49 505	1 148	791	336
7月31日	39 121	984	658	328

在剔除较小日的出库数据后，日出库均值 53 326 箱，动销 1 032 个 SKU，其中拆零出库 SKU 为 696 个，平均有订单门店数为 352 个。依据均值寻找对应的特征日，7 月 21 日整体出库数据结构与均值相近，选取 7 月 21 日作为特征日进行订单结构分析。特征月按日出库数据汇总如表 3-36 所示。

表 3-36　特征月按日出库数据汇总表

日期	整箱出库箱数	动销SKU	拆零SKU	订单门店数
7月1日	56 203	957	622	346
7月3日	70 580	887	582	381
7月8日	74 859	1 043	694	379
7月10日	49 240	948	637	338

续表

日期	整箱出库箱数	动销SKU	拆零SKU	订单门店数
7月14日	62 464	1 125	766	365
7月17日	44 096	1 078	746	323
7月21日	55 726	1 142	786	387
7月24日	31 464	1 006	676	340
7月28日	49 505	1 148	791	336
7月31日	39 121	984	658	328
均值	53 326	1 032	696	352

5) 出库订单 PCB 分析

对特征日进行订单结构分析，并对订单及商品详细信息进行交叉分析后发现，订单内商品出库呈现明显的 P、C、B 三种状态，并且呈现以整箱出库为主，整托出库为辅，拆零拣选出库最少的特点。部分商品同时存在整箱和拆零出库两种状态。特征日订单结构分析如表 3-37 所示。

表 3-37 特征日订单结构分析

整托出库/托	箱式出库/件	拆零出库量/个
248	40 846	107 796
折合箱数	折合箱数	折合箱数
14 880	40 846	2 695
SKU数	SKU数	SKU数
19	307	785
订单行数	订单行数	订单行数
111	6 736	6 709
出库量占比（折合箱数）	出库量占比（折合箱数）	出库量占比（折合箱数）
25%	70%	5%

整体数据分析结论如下。

(1) 关于库存：在库商品库存分布集中，且单品库存深度较大，需要密集存储解决大宗商品的存储问题。

(2) 关于出库形态：整箱出库为主要出库形态，占出库总量的 70%(折合箱)，需要重点考虑整箱出库的拣货作业流程。

(3) 关于拆零拣货：有 70% 左右的 SKU 存在拆零拣货出库作业需求，但出库总量仅占比 5%(折合箱)，拆零拣货呈现小而散的情况，在库内作业需要重点考虑其效率提升和管理的精细化。

(4) 关于订单数量：特征日均订货门店 352 个，后续可能会持续增长，波次作业及整体分拨策略需要进行整体考虑。

3. 需求预测

根据企业的未来业务规划，新建仓库需要在现有业态情况下满足目标年 2026 年的业务需求。根据企业的业务发展规划，2026 年预计完成 10 亿元的配送额，折合年配送 1 200 万箱，支持配送门店数 1 100 家。目标年业务整体需求汇总如表 3-38 所示。

表 3-38 目标年业务整体需求汇总表

类别		现有情况	未来计划	增长倍数
年配送额/万元		36 000	100 000	2.8
年配送量/万箱		445	1 200	2.7
单箱货值/元		75	78	1.04
在库商品的 SKU 数量/个		1 500	2 500	1.7
在库总的库存量/件		6 245 939	17 488 629	2.8
发货件数/日		33 333	83 444	2.7
门店数/个	总数	1 046	1 100	1.1
	便利店数	780	800	1.03

根据当前业务模型，结合 LT 企业发展需求，在不进行大的业务调整的情况下，对目标年日配送量进行拟合，日均配送 6.25 万箱，库存 SKU2 500 个。目标年库存折合托盘数将达到 1.1 万托以上，整体库存能力面临挑战。目标年日均配送量分析如表 3-39 所示。

表 3-39 目标年日均配送量分析

目标年配送量/箱	月均作业天数	日均配送箱数
12 000 000	16	62 500
目标年存储 SKU	现有 SKU	现有库存托盘数
2 500	1 553	4 184
目标年日均动销 SKU	日均动销 SKU	目标年库存托盘数
1 661	1 032	11 715(现有库存周期)

在现有出库比例形态不变的情况下，进行不同出库形态的数量拟合，按照 8 小时作业进行能力测算。目标年日出库形态分析如表 3-40 所示。

表 3-40　目标年日出库形态分析（总仓）

日均配送箱数	整托出库占比	整箱出库占比	拆零出库占比
62 500	25%	70%	5%
折合箱数	15 625	43 750	3 125
折合托盘数	260	—	—
SKU 分布	28	459	1 174
小时出库量	33 托	5 469 箱	391 箱

从数据分析结果看，以现有模式进行远期规划，库房整体存量及作业能力都需要较大调整，并且随着业务量的增长，现有一周两配的业务模式的时效性也将面临挑战，仓网模式及履约模式需要重新考虑和梳理。

依据总仓-区域分拨仓的模式下，进行总仓目标年的出库及库存需求分析，获得总仓未来设计目标。目标年总仓业务需求测算如表 3-41 和表 3-42 所示。

表 3-41　目标年总仓业务需求测算表（一）

日均配送箱数	整托+整箱出库占比	拆零出库占比
62500	95%	5%
出库箱数	59 375	3 125

表 3-42　目标年总仓业务需求测算表（二）

泉州总仓出库占比	泉州总仓整箱+整托数量（箱）	拆零出库量（折合箱）
50%	29 688	3 125
整托出库占比	整箱出库占比	—
30%	70%	—
整托出库箱数	整箱出库箱数	拆零出库箱数
8 906	20 782	3 125
动销SKU	动销SKU	动销SKU
28	459	1 174

由目标年总仓业务需求测算表可以看出，日均配送箱数为 62 500 箱，整托和整箱的出库占比占到了 95%，拆零占比为 5%。可以看出，出库以 B 端的门店为主。总仓占比为整个一、二级仓出库配送量的 50%，其中整箱和整托的出库总量为 29 688 箱，整托出库占比为 30%，整托出库的箱数为 8 906 箱；整箱出库的占比为 70%，为 20 782 箱。拆零出库的箱数为 3 125 箱。

根据数据分析结论及总仓-区域分拨仓业务分布结论，可得目标年总仓设计纲领如表 3-43 和表 3-44 所示。

表 3-43 目标年总仓设计纲领（一）

目标年	库存SKU数	库存总托盘数/托
2026年	2 500	5 858

表 3-44 目标年总仓设计纲领（二）

	整托出库量	整箱出库量	拆零出库量
出库效率	19托/h	2 598箱/h	391箱/h
品类数量	28SKU	459SKU	1 174SKU

4. 储区设置及储区定位

1) 存储功能区划分

结合整体出库结构及库存数据，结合货品出库特征，确定整体储区分布及功能定位。设置密集托盘存储区解决大批量存储问题，横梁货架区满足整箱出库需求，拆零拣选区覆盖所有拆零出库品类。仓库储区设计及作业功能规划如表 3-45 所示。

表 3-45 仓库储区设计及作业功能规划

储区名称	储运模式	功能定位
托盘货架储区	P→C	商品存储、整箱/盘出货
托盘密集储区	P→P	商品存储、整箱/盘出货、补货
拆零拣货区	C→B	拆零品类的拣货
分拨作业区	C→C	发货箱分拣集货
收发货作业区	C→P	收货、发货作业区
转运作业区	P→P	一仓收货转运功能区

2) 流量流向需求

根据数据分析结论、总仓-区域分拨仓业务分布结论及目标年总仓设计纲领，结合仓库储区设计及作业功能规划，获得整体流量流向，如图 3-39 所示。

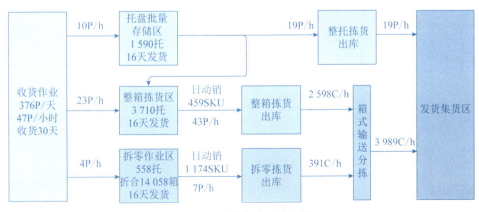

图 3-39 整体流量流向图

分析储运状态之后,还需要对流量流向进行估算。通过历史数据分析及对目标年的流量数据预测,每天收货作业为376P/托,按仓储中心每天工作8小时计算,每小时收货47P,收货后按照出库形态分析结果进入不同的存储功能区存储。

3) 储运单元设置

(1) 基本储运单元设置。根据LT物流仓内存储货物的外形及作业情况,确定仓内两种存储单元:托盘和周转箱。其中,托盘用于大批量货物的存储,周转箱用于拆零拣货的存储作业。

(2) 托盘。该物流仓的主储区以托盘单元为存储单位。托盘单元为标准托盘,单元尺寸1 000mm×1 200mm×1 400mm,应用于托盘密集库、横梁货架区。托盘规格及堆码荷载如表3-46所示,托盘如图3-40所示。

表3-46 托盘规格及堆码荷载

项目	托盘单元规格/mm	托盘规格/mm	实际堆码数	备注
托盘单元	1 000×1 200×1 400	1 000×1 200×150	40	托盘密集库、横梁货架区

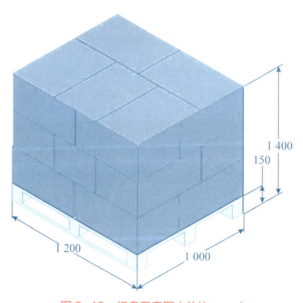

图3-40 托盘示意图(单位:mm)

(3) 存储周转箱。该仓储中心拆零拣货业务计划采取自动化设备,存储单元采取标准单元存储,采用适合自动化设备存储的标准周转箱进行存储。存储周转箱参数如表3-47所示,存储周转箱如图3-41所示。

表3-47 存储周转箱参数

标准箱尺寸/mm	荷载/kg
600×400×280	30

图 3-41　存储周转箱示意图

(4) 转运周转箱。从业务形态及发运货物安全性考虑，特别是拆零的商品，转运单元用于两类商品：第一类，整箱出库的商品，原箱发运出库；第二类，拆零拣货商品，统一采用标准转运周转箱发运，周转箱可循环使用，减少耗材损耗。

转运周转箱采用带盖可斜插式周转箱，尺寸为 600mm × 400mm × 335mm，如图 3-42 所示。

图 3-42　转运周转箱示意图

5. 仓内功能分区与布局规划

1) 功能分区

结合现有已建成仓库基本情况及目标年业务发展需求，根据储区定位方案，仓内主要划分为托盘密集库、横梁货架区、拆零拣货区、转运区、酒类库 5 个存储库区，以及分拨区和收发货作业区两个作业功能区，如图 3-43 所示。各功能区功能定位如表 3-48 所示。

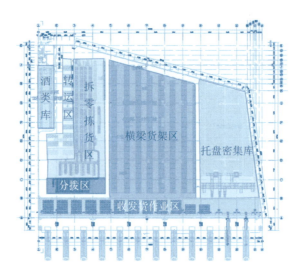

图 3-43 仓内功能分区图

表 3-48 各功能区功能定位

储区名称	储运模式	实现功能
横梁货架库区	P→C	整箱出库商品的存储及出库作业,满足整箱作业效率需求
托盘密集库	P→P	大批量库存商品的密集存储,提升存储密度
拆零拣货区	C→B	多品种、小批量商品的拆零拣货作业,满足拆零存储SKU及拣货效率需求
分拣区	C→C	货物以箱的形式发运,按线路、门店分拣作业
收发货作业区	C→P	收货、发货的暂存作业区
酒类储区	P→C	酒类恒温存储区
转运区	P→P	总仓收货,转运分发至区域分拨仓功能区

2) 布局说明

(1) 功能区设备布局及储量规划。各功能区的布局及储量如图3-44所示。

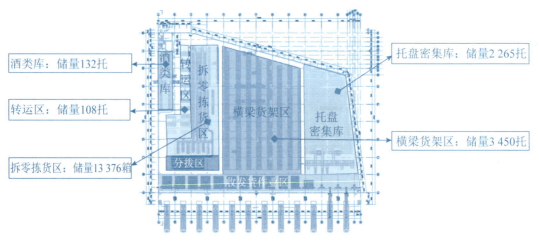

图 3-44 各功能区的布局及储量

收发货作业区在库房南侧，仓库内部由南至北，从东到西，分别设置为收发货作业区、托盘密集库、横梁货架区、分拨区、拆零拣货区、转运区、酒类库。其中，横梁货架区为了获得最大存量，设置天桥横梁，便于叉车穿行。

(2) 各功能区设备配置。根据存量及作业需求，各功能区设备配置如表3-49所示。

表3-49 各功能区设备配置表

储区名称	设备类型	设备存量
横梁货架区	横梁货架	3 450托
托盘密集库	托盘四向车立体仓库	2 265托
拆零拣货区	箱式穿梭车立体仓库	13 376箱
分拨区	辊筒输送机+摆轮分拣机	1 500箱/h
收发货作业区	—	—
酒类储区	横梁货架	132托
转运区	托盘地面平置	108托

此项目在布局规划中，首先要对该企业仓库的历史数据进行分析，通过分析得出存储量、出库量、存储形态、出库形态等。通过以上分析得出的结论预测目标年的关键指标。在规划过程中，结合目标年预测的数据量，分别预估整托出库量、整箱出库及拆零出库量，并以此来确定存储单元和存储形态，进一步选择存储容器和存储货架，并结合流量分析的出库量确定每个功能区域的存储量。综上所述，在仓储布局规划中，历史数据分析、未来数据预测、流量分析、存储与出库形态都是影响布局规划的关键要素。

五、任务总结

仓内布局规划是整个仓储规划项目中最重要的部分，布局规划的重点在于划分功能区域，但是功能区域的划分涉及的相关要素十分复杂，包括确定物流的流向，根据流向划分功能区域，估算流向流量，结合流量及储运形态来确定存储形态，以便划分存储区的不同功能区域。还需要结合选择的容器规格来判断单元容器的存储量，结合整体情况估算不同存储形式的存储量，进一步测算库位需求，并通过选择的存储设备及库位需求来测算不同存储区的存储面积。

可以说，整个仓内布局规划的重点在于基于流量流向及配合不同出库形态下的存储设备来估算不同的功能区域，并划定每个功能区域的面积和布局方式。通过布局规划，基本上就能同时把流向、流量、设备、存量都确定下来，是仓储规划项目的重点，后续其他的规划内容都是基于布局规划的进一步细化工作，实际项目中会考虑客户需求、预算、效率提升需求等因素，进行项目的统筹规划。

 读书笔记

项目四
仓储设备规划

■ 项目说明

　　智能物流仓储中心的设备规划与设计就是运用系统工程的观点和方法，对物流设备运行所涉及的各个环节进行系统分析，将货品、设备、人员，以及与以上要素相关的流程等进行有机的规划与配置，目的是保证物流仓储中心出入库效率的最大化。因此，在仓储中心项目的规划中，为了求得整体设计与配置最佳，最重要的规划内容之一就是发挥仓储设备的最大效能，同时改善各个环节的机能，剔除不必要的作业环节，使物流设备之间相匹配，缩短作业周期，减少占地面积，减少货品的停留、搬运和库存。

　　当前，电子商务的发展已经规模化、常态化，现代化的物流设备对电子商务的健康、良好发展起着非常重要的促进作用。京东集团于2007年开始自建物流，提升物流效率，进而提升客户体验。智能化的物流设备及科学的物流管理技术，是现代物流系统的重要物质和技术保证。物流设备的选择与配置是否合理，直接影响物流功能的发挥。本项目重点介绍当前主要的智能物流设备及其特点、功能、使用场景，并根据实际的需要合理选择适用的智能物流设备进行仓储项目的规划。

■ 项目内容

　　任务一　存储设备选型与规划

　　任务二　搬运及输送设备选型与规划

　　任务三　分拣设备选型与规划

任务一　存储设备选型与规划

● 知识目标

1. 设备选用的原则。
2. 常见的存储容器。
3. 存储设备的类型。
4. 智能存储系统的构成。

● 技能目标

1. 能够根据实际项目需求选用合适的存储设备。
2. 能够规划自动化立体仓库的规模及布局方式。

一、任务描述

一个完整的物流仓储中心包含的设备、设施种类繁多，按作业区域的不同可分为物流作业设备和辅助作业设备两大类。物流作业设备是物流仓储中心开展业务的核心设备，物流作业设备的设计和配置是物流作业规划的重点之一。存储区是货品保管的主要区域，在存储与拣选区域合并的仓储布局模式中，存储和拣选是提升仓储效率的重点环节。根据仓储中心的吞吐量、货物周转率、货品状态等，选择合适的存储设备，包括人工作业区域选择什么设备，智能存储与拣选作业区域选择什么设备，是存储设备规划的重要内容。

因此，仓储项目规划人员首先要了解当前主要的仓储设备，了解这些设备分别适用的区域和场景，并根据货品的特性进行有针对性的选择和规划。本任务将介绍存储设备的选型与规划，并通过典型案例进行任务实施，帮助学习者掌握特定场景、特定需求下的存储设备选择方法和规划过程。

本任务中，依托任务实施中的项目案例，通过对企业基础数据的分析，完成如下工作。

(1) 存储区的功能区域划分。
(2) 储运单元的设置和存储设备选型。
(3) 仓储中心整体布局规划。

二、必备知识

（一）物流设备的配置原则

物流设备的配置必须根据物流系统的成本目标、服务水平和质量进行综合考虑，应遵循以下原则。

1. 充分发挥物流设备的效能

自动化设备能有效提升作业效率，但是并不是自动化设备越多效率越高。目前所有的无人仓中，包括京东"亚洲一号"无人仓，都规划有人工作业区域，区别在于自动化程度的不同。设备的先进程度和数量要以适用为主，在保证设备性能满足系统要求的基础上，应使先进的设备能够被充分利用，避免设备闲置、浪费。因此，要对物流设备进行科学规划，认真研究和分析设备需求种类、配置状况、技术状态，做出切实可行的配置方案，合理选型，充分发挥物流设备的效能。

2. 选择标准化的物流设备和器具

在物流设备规划中，采用标准化的物流设备和器具，可以降低设备和器具的购置与管理费用，提高物流作业的效率和经济效益。特别是选择标准化的集装单元器具，有利于搬运、装卸、存储作业的统一化和设施设备的充分利用。

3. 充分利用空间

应充分利用有效的空间进行物流与仓储作业，如果仓库的高度足够，可以规划自动化立体仓库等设备充分利用仓库的空间。例如架空布置的悬挂输送机、立体仓库、高层货架等，这些设备都可以充分利用空间，减少占地面积，提高土地利用率。

4. 减少人力搬运

自动化设备的使用不仅可以提高生产率，还可以减少人力作业。标准化的作业流程都可以通过自动化设备进行人机配合。无人仓也不能完全实现无人化作业，但是可以减少人力搬运、减少人员行走距离、减少作业人员上下作业次数，尽可能地高效利用自动化设备。

5. 柔性原则

选用自动化设备时,还要考虑设备未来的兼容性,满足业务形态改变或者对不同业务类型的适用性,避免由于短视而造成设备的浪费。

(二)存储设备的类型

仓储中心的基本功能就是存储、保管,随着技术的进步,存储方式也经历了手工作业存储、机械作业存储、自动化和智能化存储几个阶段的发展。下面首先介绍传统的存储设备,再重点介绍主流的智能存储设备,帮助学习者了解存储设备分类及发展过程,建立清晰的脉络。

1. 容器设备

按照功能来分,容器设备可以分为搬运、存储、拣选、配送等容器;按照形态来分,容器设备可分为以下几种。

1) 托盘

(1) 平托盘(见图4-1)。平托盘通常简称托盘,是托盘的主要形式,也是物流作业必不可少的装载器具。托盘是使静态货物转变为动态货物的媒介物,是一种载货平台,而且是活动的平台,或者说是可移动的地面。以托盘为基本工具的动态装卸方法叫作托盘作业,可配合叉车和搬运车进行操作。

为适应机械化作业,减少搬运程序,平托盘必须标准化。国家标准确定的平托盘标准尺寸有1 200mm×1 000mm和1 100mm×1 100mm两种,优先推荐1 200mm×1 000mm,托盘高度一般为100~150mm。

木制托盘承载质量有50kg、100kg、500kg、1 000kg和1 500kg等规格。金属托盘承载质量一般有500kg、1 000kg、1 500kg和2 000kg等规格。

图4-1 平托盘

(2) 箱式托盘 (见图 4-2)。箱式托盘是在平托盘的基础上发展起来的,这种托盘的下部可以叉装,上部可吊装,可使用托盘搬运车、叉车、起重机等作业,并可进行码垛,码垛时可相互堆叠多层。箱式托盘的基本结构包括作为托盘 4 个边的板式、栅式、网式等挡板和下部平面组成的箱体,有的箱体上有顶板,有的没有顶板。箱板有固定式、折叠式、可卸式 3 种。四周挡板为栅式的箱式托盘也称笼式托盘或仓库笼。箱式托盘的优点是防护能力强,可防止塌垛和货损,可装载异型不能稳定堆码的货物。

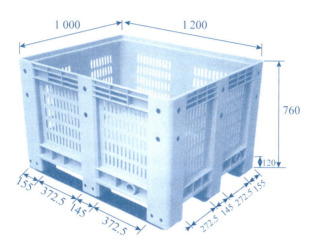

图 4-2　箱式托盘（单位：mm）

(3) 柱式托盘 (见图 4-3)。柱式托盘是在平托盘的 4 个角安装 4 根立柱后形成的,立柱可以是固定的,也可以是可拆卸的。柱式托盘又可进一步发展为将柱子上端用横梁连接,使柱子成为框架型。柱式托盘因立柱的顶部装有定位装置,所以堆垛容易,可防止托盘上放置的货物在运输和装卸过程中发生塌垛现象。多层堆码时,因上部托盘的荷载通过立柱传递,可避免下层托盘货物受到上层托盘货物的挤压。柱式托盘按柱子是否固定可分为固定式柱式托盘、可拆装式柱式托盘、可套叠式柱式托盘、折叠式柱式托盘等,也可在托盘底部加上滚轮,形成可滑动的柱式托盘。

图 4-3　柱式托盘

2) 集装架

集装架是一种采用钢材、木材或其他材料制作的框架结构式集装器具,强度较高,其作用是固定和保护货品,并为货品集装后的起吊、叉举、堆码提供必要的辅助装置,特别适合结构复杂、批量大的重型产品包装,可长期周转复用,与木箱包装相比,可节省包装费用,降低运输费用,提高装载量。

3) 物流台车

物流台车又叫载货台车或笼车,是一种有4只脚轮的运送与存储物料的单元移动集装设备。物流台车既便于机械搬运,又适合短距离人工移动。物流台车适用于企业工序间的物料周转和物流配送中心的短距离零星搬运,也大量用于超市、商场,作为顾客挑选商品时的暂存搬运工具。

4) 集装箱

集装箱(见图4-4)也称为货箱或者货柜,是指具有一定强度、刚度和规格,专供周转使用的大型装货容器,内容积≥ $20m^3$。

图4-4 集装箱

2. 存储货架

由于存储货品的形状、重量、体积、包装形式、发货需求等不同,所使用的仓储设备也不相同。因此,在规划需求分析阶段,必须分析存储特性和发货需求,以便配置合适的存储设备,提高物流作业效率。

物流仓储中心的存储设备以单元负载的托盘存储方式为主,同时为配合不同的拣货、发货需求,还需要配备容器及箱装品、单品的仓储设备。存储货架一般包括传统货架和自动化立体仓库。立体仓库主要是托盘存储,而不同的货架可满足托盘、容器、箱装品和单品的存储需求。

根据结构的不同,货架有如下分类。

1) 托盘货架

托盘货架(见图4-5)又称横梁货架，通常为重型货架，是用来存储单元化托盘货物，配以储运机械进行作业的货架，在国内仓储中心最为常见。托盘货架选型时，首先需要进行集装单元化工作，即将货物按照包装及其质量等特性进行组盘，确定托盘的类型、规格、尺寸，以及单托载重量和堆高(单托货物质量一般在2 000kg以内)，然后由此确定单元货架的跨度、深度、层间距，最后根据仓库屋架下沿的有效高度和叉车的最大叉高决定货架的高度。

图4-5　托盘货架

托盘货架高通常在6m以下，3～5层，叉车进行存取作业时，货架顶层横梁与天花板垂直距离不得小于230mm。重型托盘货架立柱采用优质冷轧钢板辊压而成，横梁选用方钢，承载大，不易变形，单元荷载最高可达4 000kg。

托盘货架广泛应用于制造企业、第三方物流和配送中心等，既适用于多品种、小批量物品，又适用于少品种、大批量物品。托盘货架在高位仓库和超高位仓库中应用最多，分为驶入式托盘货架和重力式托盘货架。

2) 搁板货架

搁板货架(见图4-6)也称轻型货架，其结构与托盘货架相似，只是承载轻量化，具有结构简单、自重轻、装配方便、可自由调整存放高度和间隔、价格便宜等特点，货架高度一般在4m以下。

搁板货架通常用于人工存取货品，货品也常为急件或不是很重的未包装物品，货架的高度、深度不大，质量较轻，适用于存储箱品和散品等质量轻、体积小的物品。搁板货架参数如表4-1所示。

智能仓储规划

图 4-6 搁板货架

表 4-1 搁板货架参数　　　　　　单位：mm

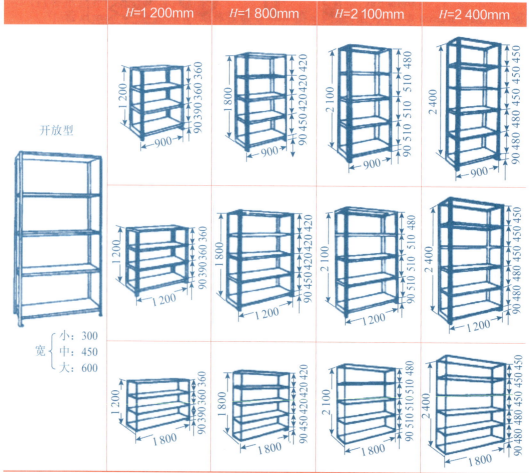

3) 流利式货架

流利式货架又称滑移式货架，采用辊轮铝合金、钣金等流利条构成，分为托盘用和容器用两类，常用滑动容器有周转箱、零件盒及纸箱，适合大量货物和短期存放拣选。流利式货架是一种利用存储货物自身重力实现货物沿存储深度方向移动的货架，如图4-7所示。这种货架一侧为存货口，另一侧为取货口，货品放在辊轮上，辊轮在重力作用下沿具有一定坡度的料架导轨轨道，向货品出货口自动滑动。

图4-7 流利式货架

流利式货架应用于"先进先出"的存取模式，空间利用率高，运营成本低，广泛应用于配送中心、装配车间，以及出货频率较高的仓库。采用流利式货架时，一般使用叉车进行存取作业，但高度受限，通常在6m以下，适用于单一品种、大批量、短时间存储的货物，且较多运用于拣选系统。

4) 贯通式货架

贯通式货架(见图4-8)又称通廊式货架或驶入式货架。贯通式货架可供叉车(或带货叉的无人搬运车)驶入通道存取货物，以托盘为存储单元。贯通式货架在同样的空间内比通常的托盘货架的存储能力几乎高一倍，因为取消了各排货架之间的巷道，将货架合并在一起，使同一层、同一列的货品紧密排列，最大限度地提高了库容利用率。贯通式货架靠近通道的货位供叉车进入货架内部存取货物，通常单面取货建议不超过7个货位深度。

贯通式货架广泛应用于大批量、少品种的货品存储，这类货品包装统一、产品单一，如食品、烟草等。

贯通式货架的特点：①存储密度高，存取性差；②适合少样多量的货品存储；③高度可达10m；④存取货品受位置所限，不易做到先进先出；⑤不适合太长或太重的货品。

贯通式货架的参数如图4-9所示。

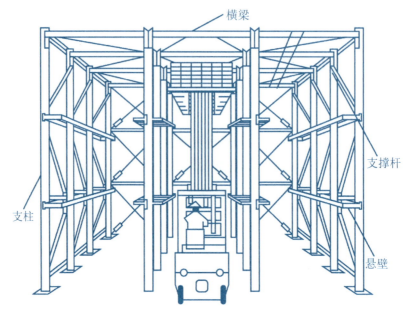

图 4-8 贯通式货架

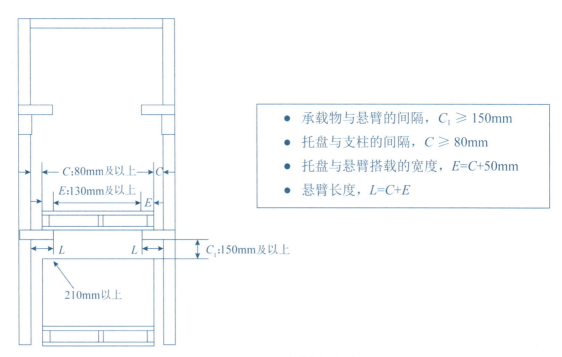

图 4-9 贯通式货架的参数

5) 悬臂式货架

悬臂式货架(见图 4-10)是一种重要的货架。悬臂式货架适用于存放长物料、环形物料、板材、管材及不规则货物,悬臂可以是单面或双面,具有结构稳定、载重能力好、空间利用率高等特点。悬臂式货架立柱多采用 H 型钢或冷轧型钢,悬臂采用方管、冷轧型钢或 H 型钢。悬臂与立柱采用插接或螺栓连接,底座与立柱采用螺栓连接,底座采用冷轧型钢或 H 型钢。

图 4-10 悬臂式货架

6) 阁楼式货架

阁楼式货架(见图 4-11)通常利用中型搁板货架或重型搁板货架作为主体，支撑采用楼面板(根据货架单元的总负载重量来决定选用何种货架)，楼面板通常选用冷轧型钢楼板、花纹钢楼板或钢格栅楼板。

阁楼式货架系统是在已有的工作场地或货架上建一个阁楼，以增加存储空间，可做二、三层阁楼，宜存取一些轻泡及中小件货物，适用于多品种、大批量或多品种、小批量货品的人工存取。货品通常由叉车、液压升降台或货梯送至二楼、三楼，再由轻型小车或液压托盘车送至指定位置。

图 4-11 阁楼式货架

7) 旋转式货架

旋转式货架操作简单、存取作业迅速,适用于电子零件、精密机件等货品的存取,以及少量多品种、小物品的存储及管理。旋转式货架可快速移动,速度可达 30m/min,存取物品的效率很高,又能依需求自动存取物品,并可通过适配卡与计算机联机进行自动存货管理。旋转式货架受高度限制少,可设置多层,故空间利用率高。旋转式货架与轻负荷容器式自动货架特性对比如表 4-2 所示。

表 4-2 旋转式货架与轻负荷容器式自动货架特性对比

项目	水平旋转式货架	垂直旋转式货架	轻负荷容器式自动货架
空间利用	普通→高	高	高
设备占用面积	中→大	小	中→大
存储密度	中	高	很高
多深度存储	不可以	不可以	可以
随机存储	可以	可以	可以
计算机控制	可以	可以	可以
随机存取性	容易	困难	很困难
多层同时移动	不可以	不可以	不可以
多层存取	可以	可以	可以
移动速度/m·min^{-1}	5～30	5～10	—
安装容易性	容易	容易	困难
扩充性	普通	普通	困难
货品安全性	中	中→高	高
单位存储成本	低	中	高

8) 移动式货架

移动式货架(见图 4-12)是可在轨道上移动的货架,即在货架的底部安装运行车轮,可在地面上运行,适用于库存品种多、出入库频率较低的仓库,或库存频率较高但可按巷道顺序出入库的仓库。移动式货架只需要一个作业通道,可大大提高仓库的利用率,所以广泛用于存放文档、档案、文献,可供金融部门存放票据,供工厂车间、仓库存放工具、物料等。

移动式货架可节省通道面积,有普通商品货架和移动式托盘货架两种类型。使用移动式货架,可在较多排架中只留出一条通道,移动式货架在地面铺设的轨道上移动。通过移动货架选择所需通道的位置,叉车在通道内装卸货物。

图 4-12 移动式货架

移动式货架的特点在于，它比一般固定式货架的存储量大很多，节省空间，高度可达 12m，单位面积的存储量可达托盘货架的 2 倍左右，适合保管品种少、大批量、进出频率低的货品，并且可直接存取每一项货品，不受存储顺序的限制。

3. 智能存储系统

智能存储系统的出现与发展，大大提升了存储与拣选的作业效率。过去比较单一的传统人工作业与机械化作业的货架存储方式，目前已经发展到多种存储方式并存，主要以托盘存储也逐渐转变为主要以料箱存储。无论哪一种存储方式，存储作业的自动化是实现货到人的基础。存取技术发展的焦点在于如何实现快速存取，由此诞生了许多智能化的存取技术和存取方式。目前主流的和常见的智能存储系统有以下几种。

1) 自动化立体仓库

自动化立体仓库也称为高层货架仓库，是现代物流系统的重要组成部分，也是最传统的存储方式，主要以托盘存储为主。自动化立体仓库一般是指采用几层、十几层乃至几十层高的货架存储单元货物，用相应的物料搬运设备进行货物入库和出库作业的仓库。由于这类仓库能充分利用空间存储货物，故形象地将其称为立体仓库。自动化立体仓库主要由高层货架、堆垛机、出入库输送机系统、自动控制系统、检测浏览系统、通信系统和计算机监控管理系统等构成，能按照计算机的指令实现仓库内货品的物理活动及信息管理的自动化和智能化。自动化立体仓库有很多种形式，如单深度和多深度立体仓库、长大件立体仓库、桥式堆垛立体仓库等。受堆垛机本身存取能力的限制，这种存储方式主要用于整件拣选，很少用于拆零拣选。

按照建筑形式来划分，自动化立体仓库可以分为整体式和分离式两种。整体式自动化立体仓库（见图 4-13）又称为库架合一式自动化仓库，由货架顶部支撑建筑屋顶，适用于高度为 15m 以上的大型仓库。分离式自动化立体仓库是与建筑物分开的，当仓库高度在 12m 以下且地面荷载不大时，采用这种形式比较方便。整体式自动化立体仓库典型布局如图 4-14 所示。

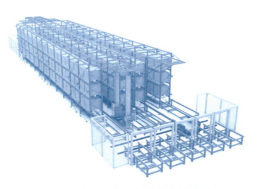

图 4-13　整体式自动化立体仓库

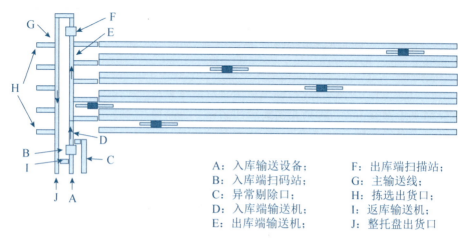

A：入库输送设备；	F：出库端扫描站；
B：入库端扫码站；	G：主输送线；
C：异常剔除口；	H：拣选出货口；
D：入库端输送机；	I：返库输送机；
E：出库端输送机；	J：整托盘出货口

图4-14 整体式自动化立体仓库典型布局

自动化立体仓库用来存取货物单元的设备主要是堆垛机。常用的堆垛机按有无导轨一般分为两大类：有轨巷道式堆垛机和无轨堆垛机。自动化立体仓库的主要应用于医药、烟草、食品、造纸等生产型企业或流通中心、大型电商物流园区等，适用于海量存储、批量出入、快速流转的应用场景。京东的上海"亚洲一号"、东莞"亚洲一号"、成都"亚洲一号"、西安"亚洲一号"、武汉"亚洲一号"等大型仓储园区都应用了自动化立体仓库。

Miniload(箱式自动化立体仓库)也是自动化立体仓库的形式之一，因为它是以料箱存储为对象，且与自动化立体仓库不同的作业能力，因此被单独命名为Miniload。Miniload在20世纪80—90年代就已经在日本被广泛应用于拆零拣选，以货到人拣选为主。Miniload有很多种形式，尤其是其货叉和载货台形式多达数十种，使其具有广泛的适用性，其存取能力最高可达每小时250次。

Miniload主要应用在医药、烟草、电商B类等行业的仓储中心，适合SKU较少、计划性强，需要快速出库的场景。北京的京东"亚洲一号"的医药仓就应用了Miniload作为存储设备。

2) 智能密集存储系统

智能密集存储系统是集自动化立体仓库、穿梭车、换层提升机等多种系统于一体的全新存储系统，分为托盘和料箱两种方式，其存储效率是传统立体仓库存储效率的1.5～3倍，被称为存储系统的里程碑成果。目前，智能密集存储系统的形式有多种，已得到了广泛应用。

上述分类方式将智能密集存储系统区别于传统自动化立体仓库，进行了单独的分类。其实可以将传统自动化立体仓库与智能密集存储系统都归并为自动化立体仓库系统，前者为堆垛机式自动化立体仓库，后者为穿梭车式自动化立体仓库。自动化立体仓库系统的分类如图4-15所示。

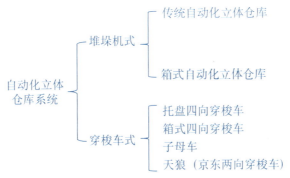

图 4-15 自动化立体仓库系统分类

智能密集存储系统中应用的四向或两向穿梭车以托盘存储,主要适用于 SKU 较少、进出量大的物流场景,主要应用于家具、电动车等生产型企业,天津的京东"亚洲一号"大件仓就应用了智能密集存储系统。以小件料箱存储的穿梭车适用于存储量适中、流量较大的商品类型,如 C 类商品,也适用于商品的动态暂存或订单的排序、缓存等,主要应用于医药、化妆品、电商等企业,适合海量 SKU、快速出库的项目。北京、武汉、杭州、成都的京东"亚洲一号"仓储中心均应用了该项存储技术。四向穿梭车密集存储系统如图 4-16 所示。

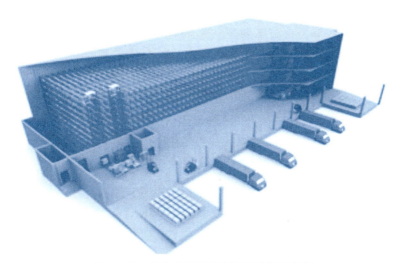

图 4-16 四向穿梭车密集存储系统示意图

京东物流自研的密集存储系统——天狼货到人密集存储系统,在京东全国的"亚洲一号"自动化无人仓中投入使用。天狼货到人密集存储系统可以解决目前物流仓储行业存储能力不足及出入库效率不高等痛点,并缓解仓储占地大以及人力不足的问题。该系统主要由多层穿梭车、提升机、工作站和输送系统等硬件设备及软件系统组成,同时配合立体仓库两向穿梭车等,各设备协同作业,满足高存储密度和高出入库流量,实现自动化货到人拣选。京东物流天狼货到人智能密集存储系统如图 4-17 所示。

图 4-17 京东物流天狼货到人智能密集存储系统示意图

不同类型密集存储设备的性能对比如表 4-3 所示。

表 4-3 不同类型密集存储设备性能对比

设备名称	存储密度	设备柔性	优点	缺点	典型供应商
普通横梁货架	1.2托/m²	高	成本低、利用率高	存储密度低	精星、世仓、音飞
后推式货架	2.4托/m²	一般	存储密度较高	成本高、运行不稳定	精星、世仓、音飞
自动化立体仓库	3.57托/m²	低	存储密度高、吞吐量大	成本高	大福、瑞士格、昆船
穿梭车系统	3.4托/m²	低	存储密度非常高	成本适中、货架利用率低	精星、世仓、音飞
普通隔板货架	7箱/m²	高	成本低、拆装方便	耐用度低、人力成本高	精星、世仓、音飞
3层阁楼货架	21箱/m²	高	成本较低、耐用度较高	人力成本高	精星、世仓、音飞
箱式自动化立体仓库	25箱/m²	低	耐用度高、吞吐量较大	成本较高	TGW、大福、新松
多层穿梭车/旋转货架	28箱/m²	低	存储密度高、吞吐量非常大	成本非常高	德马泰克、KNAPP
Kiva(地狼)	8箱/m²	适中	耐用度高、吞吐量较大	成本适中	极致嘉、马路创新、京东X

三、实施方法

1. 仓库原系统状况分析

在仓储中心规划项目中，仓内功能分区布局规划完成之后，最重要的规划内容就是硬件设备的选型。硬件设备并不是智能化程度越高越好，而是一定要匹配客户的项目需求、业务需求、仓库的存储量和业务流程。存储是仓储中心的基础功能，也是核心功能，选用何种存储设备，一定要结合前述项目中所介绍的内容进行仓库容量、吞吐量、货态形式的分析，以及仓内布局规划中涉及的存储策略及存储方式分析，依据以上要素和分析结果，来匹配仓储设备。具体来说，如果是原有仓库改建项目，则会出现仓储条件不满足当前需求的状况。随着业务的发展，很多企业亟待在原有的场地进行仓储条件改善，通过流程、设备等方面的优化，来提升仓储作业能力。因此，分析当前仓储中心存在的问题，是仓储中心升级改建规划的第一步。

对于改建升级项目，常见的问题主要包括存储逻辑不合理、布局不合理等造成的作业流程效率低，仓储设备自动化、智能化水平较低导致作业效率低等。优化的目标就是缩短作业路径，提升作业效率。

如果是新建仓储中心项目，那么就可以直接分析企业在仓储方面的业务需求、业务形态、出库量、周转率等来进行规划。

2. 设备选型要素

设备的选择主要考虑仓储业务特征，包括货态、出入库形式等。

在设备选型阶段，主要通过特征分析来确定选择何种适合的设备。存储设备选型的考虑因素包括物品特性、存取性、出入库量、搬运设备、库房结构等，也就是要根据各储区的功能和特征进行适当的选择。例如，仓储区的主要功能是存储和供应补货，那么就应根据出库形态、补货形态来决定用何种容器，以及根据库房的建筑高度和面积来决定用何种货架。存储设备选型的考虑因素如图 4-18 所示。

图 4-18　存储设备选型的考虑因素

1) 物品特性

物品的尺寸、外形包装等会影响存储单位的选择。存储单位不同，使用的存储设备就不同，例如，托盘货架适用于托盘存储，而箱式货架则适合箱子存储；若外形、尺寸特别，则有一些特殊的存储设备可供选用；如果商品本身比较特殊，如具有易腐性或易燃性，选择存储设备时就必须做防护考虑。

在实际的项目规划中，设备选型时会首先考虑投资预算，再结合客户需求，进行一个平衡两者的规划。由于投资预算是客户个性化需求，因此本书忽略投资预算的因素，从方法论的角度来总结设备选型的方法和过程。

2) 存取性

存取性与存储密度相对，也就是说，为了得到较高的存储密度，就必须牺牲货品的存取性。有些货架虽然存储密度较佳，但会使库位管理较为复杂。唯有自动化立体自动仓库可向上发展，存取性和存储密度俱佳，相对投资成本较高。因此，选用何种形式的存储设备是综合考虑各种因素的结果。

3) 出入库量

某些形式的货架虽然有很好的存储密度，但出入库量却不高，因此只适用于低频度的作业。出入库量是非常重要的数据，可由此来选用适当的存储设备。存储设备与出入库频率如表4-4所示。

表4-4 存储设备与出入库频率

存储设备	高频率	中频率	低频率
托盘	托盘货架 自动化立体仓库	托盘重力式货架	托盘移动式货架
容器(箱)	箱式流利式货架 箱式立体仓库 水平旋转自动货架 垂直旋转自动货架	横梁货架	移动式货架

4) 搬运设备

存储设备的存取作业是由搬运设备来完成的。因此，选用存储设备要一并考虑搬运设备。货架通道宽度直接影响叉车的选择，不但要考虑是选择平衡重式叉车还是选择前移式叉车，还必须考虑举升高度及举升能力。

5) 厂房结构

厂房结构也是存储设备选型的重要考虑因素。

3. 货架选择

1) 确定容器设备

根据上述考虑要素确定容器设备后，也就基本确定了货架的选择范围。

2) 选择货架

货架的选择需要依据货品和建筑条件。

第一步：排除投资预算因素以后，选择货架时首先要考虑仓库建筑高度。如果安装自动化立体仓库，那么仓库的高度一般不低于20m，低于20m 的仓库，只能选择传统非自动化货架。

第二步：排除了仓库高度因素，需要评估仓库的货品出入库吞吐量。吞吐量大的仓库，如果仓库不受建筑高度的限制，那么就可以选择自动化立体仓库作为主要的智能化存储设备。

第三步：确定主要的货架设备形态之后，还要考虑拣选方式。如果是存储区与拣货区分开的存拣模式，还要考虑拣货形态。如果是拆零拣货模式，还要选择轻型搁板货架作为拆零拣选的主要货架设备，以便人工进行拆零拣选。

如果选择非自动化存储货架，包括托盘货架、搁板货架、储柜、重力式货架、流利式货架等，则要明确非自动化设备使用的物品存储单位与拣选单位，根据客户需求选择匹配的货架以及存储形态，如表4-5所示。

表4-5 非自动化存储设备适用的物品存储单位与拣选单位

存储设备	存储单位			拣选单位		
	托盘	箱	单品	托盘	箱	单品
托盘货架	◆		◆	◆	◆	
搁板货架		◆			◆	◆
储柜（垂直货柜）			◆			◆
重力式货架	◆			◆	◆	◆
流利式货架		◆				

货到人动态存储设备包括单元自动仓储系统、小件自动仓储系统、水平旋转式货架、垂直旋转式货架、穿梭小车式自动化立体仓库等，物品存储单位和拣选单位如表4-6所示。

表4-6 动态存储设备的物品存储单位和拣选单位

存储设备	存储单位			拣选单位		
	托盘	箱	单品	托盘	箱	单品
单元自动仓储系统		◆		◆	◆	
小件自动仓储系统		◆			◆	◆
水平旋转式货架		◆	◆		◆	◆
垂直旋转式货架		◆	◆		◆	◆
穿梭小车式自动化立体仓库		◆			◆	◆

4. 货位需求与占地面积测算

在实际的仓储项目规划中，还要考虑货品的周转率，尤其在零售类、电子商务仓储中心，货品SKU繁多，不同类的SKU的周转率、出库量不一样，因此还要结合ABC分类法进行货品分类，结合EIQ分析法来判断不同货品在不同维度的特征，以此确定存储策略，库存位置规划。

另外，要对未来的出库目标做预测，依据现有订单的分析，结合未来的出库目标，根据已经选定的货架类型来测算库位需求。库位需求的方法在项目三任务二中已有详细的介绍，根据计算出来的库位需求可以测算出此部分存储区域的占地面积。具体步骤如下。

1) 确定最大库存量

如果选定了自动化立体仓库，那么确定自动化立体仓库托盘单元的最大库存量，考虑年增长率 E。

2) 计算自动化立体仓库每小时最大出入库量

因为每小时最大进出库托盘数和自动堆垛机的台数有直接的关系，这将直接影响投资费用。为了减少投资费用，可以把峰值进出货量平均到仓库作业时间内。

$$自动化仓库每小时最大出库量 F = 托盘数 / 工作时间 \tag{4-1}$$

3) 与横梁货架等传统货架相比

自动化立体仓库在货位需求规划中，还需要考虑堆垛机的台数。首先必须知道堆垛机的标准出库能力，即每小时的入库或出库的次数，公式如下：

$$N = 3\,600/T \tag{4-2}$$

式中，N 为每小时标准出入库能力，单位为次；T 为单次标准动作时间，单位为 s。

标准动作时间是指堆垛机入库或出库时所需要的时间(单位为 s)。入库存货标准动作时间为工作台→收货→货架中心→存货→返回工作台所需时间(单位为 s)。取货出库标准动作时间为工作台→货架中心→取货→工作台→卸货所需时间(单位为 s)。

堆垛机复合循环运动路线如图 4-19 所示。入库存货及取货出库标准动作时间为工作台→收货→货架中心→存货→卸货 $3L/4$、$3H/4$ 处→取货→工作台→卸货所需时间(单位为 s)。

上述 3 种情况所指的货架中心，当货架的货格数为偶数格时，为

$$\left(\frac{x 方向货格数}{2}+1, \frac{y 方向货格数}{2}+1\right) \tag{4-3}$$

标准动作时间和堆垛机的行走、升降、叉取等 3 种速度及距离有关系。

收货存取时间 = 叉取距离 / 叉取速度 ×2+(高位 - 低位)/ 升降速度

走到货架中心的时间：堆垛机货台可以同时进行水平和垂直运动，最后到达的时间即是所求时间。

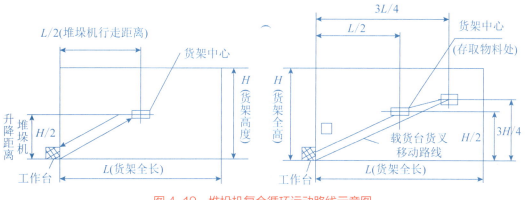

图 4-19 堆垛机复合循环运动路线示意图

根据 $N=3600/T$，可得

$$G=F/N \tag{4-4}$$

$$Z=2G \tag{4-5}$$

式中，F 为自动化立体仓库每小时需要最大进出库托盘单元数；G 为堆垛机台数，即巷道数；Z 为自动化仓库内货架排数；N 为标准出库能力。

4) 确定货格高度

货格高度的确定如图 4-20 所示。货架总高度 J 的计算公式如下：

$$J=(C+K)M \tag{4-6}$$

式中，C 为托盘装载单元高度，单位为 mm；K 为堆垛机叉车操作所需距离，即相邻两托盘单元的垂直距离，一般在 150～230mm 范围内取值；M 为垂直方向的货格数。

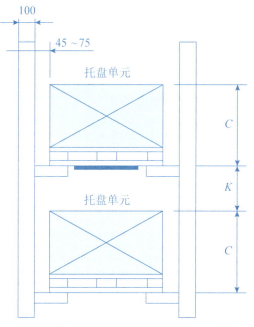

图 4-20 货格高度的确定（单位：mm）

5) 确定自动化立体仓库系统的高度

货架系统高度 P 的计算公式如下：

$$P=J+T_u+T_d+T_b \tag{4-7}$$

式中，J 为货架高度；T_u 为托盘单元顶面到屋顶下面的距离，假设平均 T_u=600mm；T_d 为堆垛机叉车操作空间，假设平均 T_d=750mm；T_b 为地面到货架第一层的空间高度距离。

6) 确定一排货架的长度

货架长度如图 4-21 所示。货架长度主要由货格长度与列数决定，在标准自动化立体仓库中，一般情况下货格长度是确定的，需要结合场地面积来评估需要多少货格，即需要多少列，确定列数后，就可以确定货架长度。

$$L=RS \tag{4-8}$$

式中，L 为一排货架长度；R 为货格长度；S 为货格列数。

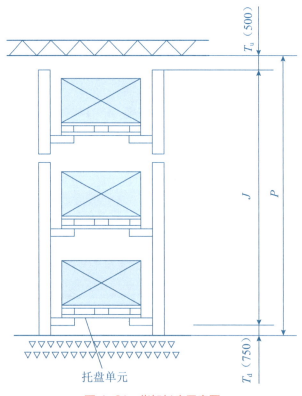

图 4-21 货架长度示意图

7) 确定自动化立体仓库系统的总长度 A

$$A=L+T+U \tag{4-9}$$

式中，L 为货架长度；T 为堆垛机走出货架两端的必要距离（含入库台架部分），T=7.5m；U 为特殊设备所需长度，如堆垛机活动空间、周边设备所占空间等。

8) 确定自动化立体仓库系统的宽度

单深位自动化立体仓库系统宽度 =(货格宽度 ×2+ 巷道宽度)× 排数 /2　　(4-10)

双深位自动化立体仓库系统宽度 =(货格宽度 ×2+ 巷道宽度)× 排数 /4　　(4-11)

以上公式是理论算法，没有考虑货架到两边墙体的宽度，货架到两边墙体的宽度一般至少为 600mm，另外该算法也没有考虑货架背靠背的间隙。

如前所述，一般情况下自动化立体仓库的最佳经济高度约为 16.2m，货架高度与长度之比是 1/6～1/4，可以利用此关系检查所设计的自动化立体仓库尺寸是否符合上述基本原则。

确定自动化立体仓库的总长度和总宽度后，可以测算出占地面积。在实际的项目规划中，规划人员还会根据库房场地情况、整体各功能区域的划分和占地面积规划自动化立体仓库的长度和高度，并对作业效率做测算，综合考虑各方因素，使其在已有的条件限制下发挥最大效能。订单数据量非常庞大的测算中，会利用仿真测算软件来进行辅助测算，确定自动化立体仓库中货架的层数、长度和排数。自动化立体仓库系统宽度计算如图 4-22 所示。

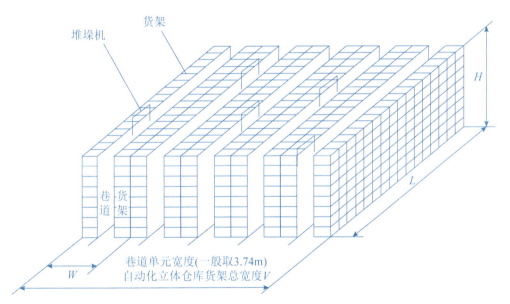

图 4-22　自动化立体仓库系统宽度计算示意图

四、任务实施

● 项目背景

PE 公司是一家生产型企业，是集生产、研发、营销于一体的保健品高新技术企业。这家企业需要在其现有的生产园区中新建一个仓储中心，计划未来投入使用的仓库建筑如图 4-23 所示，以满足仓储中心的需求。

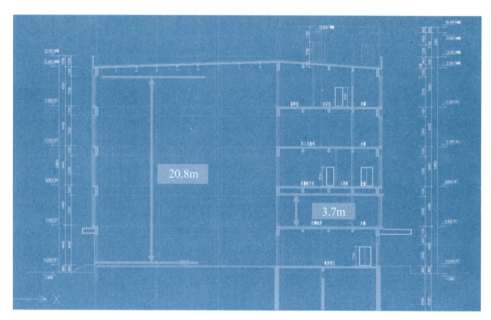

图 4-23 PE 公司仓库建筑示意图

本任务需要完成如下工作:

(1) 根据业务形态分析客户需求;

(2) 分析货品存储形态;

(3) 进行自动化立体仓库布局规划,包括货位需求的计算、层高的计算、自动化立体仓库的面积测算。

● 规划过程

1. 项目需求分析

仓储中心规划项目实施前,需要对客户的需求进行分析,根据客户需求确定规划目标。需求分析时,一方面,应对客户的直接诉求进行明确,比如客户会根据未来 2 年的业务增长目标对仓储中心提出需求,此层面的需求主要是客户根据整个公司的业务发展目标去匹配的仓储需求,为整个公司的业务目标服务;另一方面,应结合仓储中心的货品特征、出入库量、订单形态进行分析,进而明确客户对仓储中心的具体需求,分析时也需要结合订单 EIQ 分析、PCB 分析以及货品出入库量、周转率特点等。针对 PE 公司仓储中心规划项目,通过分析发现此仓储中心货品有以下特征。

(1) PCB 入库、出库形态。此企业为生产型企业,原辅料以整托入库、出库为主,成品以整托入库、整体出库为主。成品下线以后,一般是成箱入到立体仓库里,可以整托盘入库，也可以采用散件入库的方式，因此也涉及拆零。

(2) 目标存储量。基于出入库形态特征，确定客户的目标存储量。通过调研了解，客户的目标存储量为 3 600 托，在原分析的 3 500 托的基础上向上浮动一部分库存量，以便满足高峰期的库存需求。

(3) 评估建筑条件。通过分析库房建筑条件可以看出，整个仓库高度为 20.8m，高度可以满足自动化立体仓库的建设需求。

(4) 评估需要满足的业务流量。根据业务目标，按每日成品入库 1 000 箱来估算，换算成成托入库量为每日入库 33 托，按照每天 8 小时计算，每小时入库 4 托，即成品入库量 = 1 000 箱/日 = 33 托/日 ≈ 4 托/小时。

原辅料入库峰值 90 托/日，那么每小时的入库托量为 11 托/小时，结合一段时期的入库量来测算，均值为 50 托/日。

空托盘回库 =(19+6)/10=2.5(托)

空托盘出库 =(4+11)/10=15/10=1.5(托)

堆垛机入出库能力 =4+11+2+6+6+19+3=51(托)

具体分析结果如图 4-24 所示。

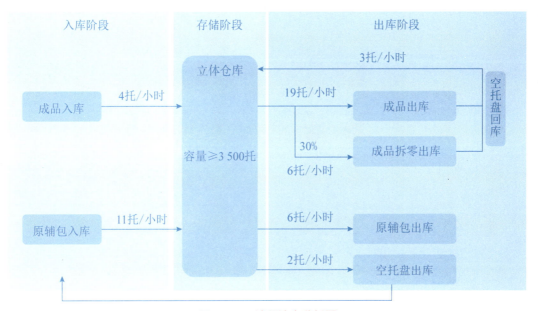

图 4-24　流量流向分析图

根据以上分析可以看出，涉及拆零但很少，以箱存为主，码放高度不高，量不多，SKU 较多，质量不大，据此选择 1 000mm×1 200mm×1 500mm 的托盘作为存储单元，如图 4-25 所示。

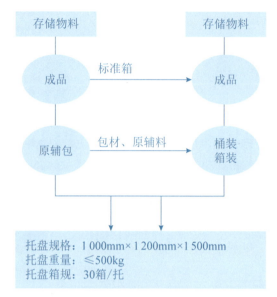

图 4-25 存储形态

存储现场如图 4-26 所示。

图 4-26 存储现场

2. 自动化立体仓库布局规划

在仓库门口设置收发货区,根据客户需求,结合建筑高度,在存储区规划自动化立体仓库,存储量目标为 3 500 托。

在一楼设置收发货区、立库存储区、输送带区。

在立库存储区,规划的重点是在 3 500 托存储量的目标下,放置货架的列数和层数,以及一共需要多少个货架。

首先可以确认的是最大库存量为 3 500 托，假设在立库存储区设置 3 个巷道，也就是 3 台堆垛机作业，并且按照客户需求采用双进深立体仓库布局，那么可以计算出一个巷道堆垛机需要规划的货位数量为 3 500/3=1 167，即一个巷道需要满足 1 167 个货位。

采用双进身货位的形式，按照堆垛机的作业方式，一排巷道上需要的货位数量为 1 167/4=292。

接下来就要确认自动化立体仓库的层高，层高与货物高度直接相关，一个托盘可以堆码几个纸箱，需要根据纸箱的规格来计算一个货格需要的高度。托盘堆码货箱如图 4-27 所示。在本项目中，货物堆码时，在一个托盘上堆码后的整体货箱规格为 1 350mm，托盘的高度是 150mm，那么一个托盘加一个货箱的高度就是 1 500mm，一个货格按照一个托盘码放一个货箱去规划，货格还需要留出至少 250mm 的空间作为堆垛机存取货物的作业空间，那么一个货格的高度就是 1.75m。已知此项目的仓库高度为 20m，可以得出需要的货架层数为 20/1.75≈11.43。通过计算可以得出，货架最多可设置 11 层。由于还需要留出梁下空间和地面到第一层的高度合计 1.4m，因此设置 10 层货架就可以。

以上为粗略算法，实际项目规划中还要考虑货架横梁高度等因素。

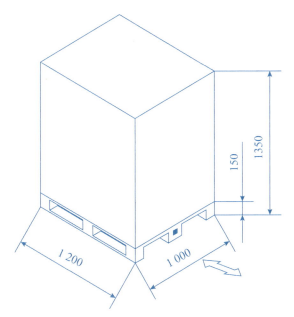

图 4-27　托盘堆码货箱示意图（单位：mm）

此项目中，应根据实际建筑情况预留一部分作为消防空间，因此按照 10 层层高来建设自动化立体仓库。

由以上分析可知，一个巷道所需要的货位量为 292 个，最高建设 10 层，由此可以计算出需要规划的货架列数，即 292/10≈29。在此项目中，还需要考虑场地等其他因素，因此调整为 30 列，这样在 3 600 个货位需求下，需要规划 12 排货架。该项目自动化立体仓库布局规划如图 4-28 所示，1F 布局如图 4-29 所示。

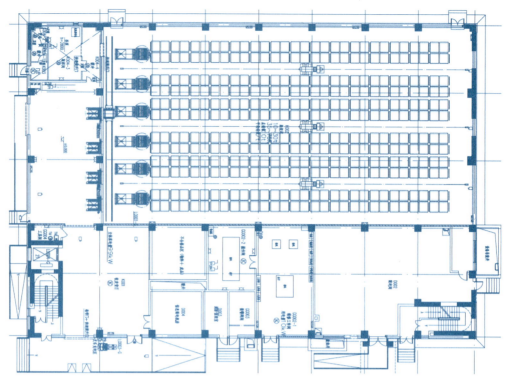

图 4-28 该项目自动化立体仓库布局规划图

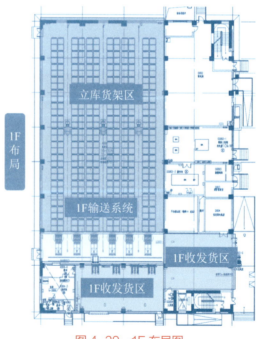

图 4-29 1F 布局图

3. 自动化立体仓库区域面积测算

自动化立体仓库区域的面积计算主要由自动化立体仓库的长和宽来决定,如实施方法中所讲，该区域的长度为自动化立体仓库加上堆垛机走出货架两端距离的总长度。堆垛机走出货架两端的距离，按照每端平均留出3m来计算，即一共预留6m的距离。

1) 确定自动化立体仓库区域的总长度

$$A=L+T= 货格长度 \times 货格列数 + 货格间隙 \times 间隙数量 + 6\,000$$

即

$$1\,200 \times 30 + 300 \times 15 + 6\,000 = 42\,000 + 4\,500 + 6\,000 = 52\,500 \text{(mm)}$$

式中，L为货架长度；T为堆垛机走出货架两端的必要距离(含入库台架部分)，T可以按照每端平均3m来计算。一般间隙为300mm，间隙数量为列数30/2=15。

通过测算，自动化立体仓库的总长度为42m，加上堆垛机两端预留位置6m及间隙长度，自动化立体仓库的占地总长度为52.5m。

2) 确定自动化立体仓库区域的总宽度

此项目中，巷道宽度为1 400mm，加上到货架两边的距离，巷道到货架两边距离分别为100mm，因此巷道宽度共计1 600mm，即1.6m，整个自动化立体仓库的宽度为16.8m。在此项目中，还要考虑货架每排之间的间隙距离，间隙距离按照常规300mm计算，此项目中有12排共8个间隙，300mm×8=2 400mm。

此项目中自动化立体仓库区域的总宽度的计算方式如下：

排货架的宽度 × 货架排数 + 巷道宽度 × 巷道数量 + 货架排之间的间隙距离 × 间隙数量 = 1 000×12+1 600×3=12 000+4 800+2 400=19 200(mm)

即此项目中自动化立体仓库区域的宽度是19.2m，如图4-30所示。

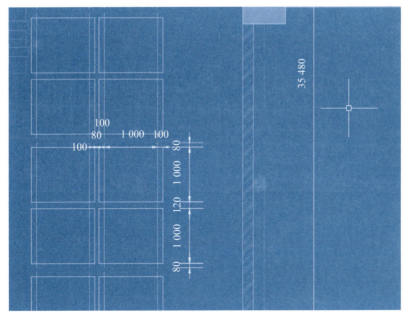

图4-30 自动化立体仓库区域宽度图

3) 测算自动化立体仓库区域面积

测算出自动化立体仓库长度和宽度之后，通过"长度×宽度"就可以测算出自动化立体仓库区域的占地面积。在此项目中，自动化立体仓库长度为52.5m，宽度为19.2m，整个自动化立体仓库的占地面积为1 008m²。

此项目中，所有业务1期建设都在一楼，根据未来业务预测，二楼规划方向为建设部分收发货区，通过连廊、提升机提升到输送线，由机器人码盘。此处不再详细阐述。

五、任务总结

本任务帮助大家了解常用的存储设备的类型和特点，以及不同类型存储设备的应用场景，重点在于帮助学习者掌握自动化存储设备的类型、选择及设备的规划方式。本任务的重点是实施方法部分，主要是从方法论层面介绍自动化立体仓库的规划实施方法和过程。任务实施环节，通过案例中企业的具体情境介绍此案例项目中自动化立体仓库规划的过程，进一步通过案例巩固自动化立体仓库的规划方法，包括适用场景、要求，以及长度、高度、占地面积的测算。

任务二　搬运及输送设备选型与规划

● 知识目标

1. 搬运设备的类型。
2. 搬运设备的适用场景。
3. 输送设备的类型。
4. 输送设备的适用场景。
5. 输送与搬运设备的规划内容。

● 技能目标

1. 能够根据实际项目需求选择合适的搬运与输送设备。
2. 能够根据项目需求进行搬运与输送设备的规划。

一、任务描述

搬运与输送作业是物流仓储中心的主要作业之一，其设备的技术水平是搬运与输送作业现代化的重要标志。搬运设备品种繁多，规格多样。随着智能仓储设备的出现，搬运设备、输送设备等都需要同步进行不同程度的自动化，才能发挥仓储中心的整体自动化效率，各个流程和环节采用不同的自动化设备，形成一个有机的整体，不能自动化的环节通过人工作业进行补充和配合。

在任务一"存储设备选型与规划"的基础之上，本任务重点介绍搬运与输送设备的选型与规划。通过对传统人工搬运设备、智能搬运设备的介绍，帮助学生掌握其特点和应用场景，以及智能搬运设备的作业方式。

在本任务中，依托任务实施中的真实项目建设方案，完成如下工作：

(1) 基于电商零售模式，能够满足"双11"的大促活动，以此为目标规划自动化立体仓库规模。

(2) 规划自动化立体仓库，通过自动化存储提升存储和拣选效率。

二、必备知识

物料搬运作业是物流仓储中心的主要作业内容之一，随着物流技术的发展，根据物流仓储中心的需要，新的搬运设备不断研发出来。装卸、搬运是随物品运输和保管而附带发生的作业，装卸、搬运作业质量的好坏和效率的高低不仅影响物流成本，更重要的是在大型物流仓储中心，搬运的速度和效率直接影响整个仓储中心的效能。另外，在何种场景下使用什么搬运和输送设备也是规划的重点。

（一）装卸、搬运设备

装卸、搬运是指在同一区域范围内(如车站范围、工厂范围、仓库内部等)，以改变货品的存放状态和空间位置为主要内容与目的的活动。通常来说，装卸是指以垂直位移为主的实物运动形式，装卸作业的结果是货品从一种支承状态转变为另一种支承状态。前后两种状态无论是否存在垂直距离差别，总是以一定的空间垂直位移的变化实现的。搬运是指货品在区域范围内所发生的短距离、以水平方向为主的位移，即改变物的空间位置的活动称为搬运。在某些特定场合，"装卸"或"搬运"也有装卸与搬运的含义。在物流领域(如铁路运输)，常将装卸、搬运这一整体活动称作货物装卸；在生产领域，常将这一整体活动称作物料搬运。实际上，活动内容都是一样的，只是称呼不同而已。

在装卸、搬运作业中，要不断地反复进行装、搬、卸操作，这些需要装卸、搬运设备的有效衔接才能完成。因此，合理配置和应用装卸、搬运设备，安全、迅速、优质地完成货物装卸、搬运、码垛等作业任务，对于实现装卸、搬运作业的自动化，加快物流运转，有着十分重要的作用。装卸、搬运设备的作用主要在于提高装卸、搬运效率，缩短作业时间，提高装卸质量，降低装卸、搬运作业成本，充分利用货位，加速货位周转，减少货物堆码的场地面积。因此，科学地使用好、管理好装卸、搬运设备，充分发挥装卸、搬运设备的潜能，实现装卸、搬运的自动化，是提升仓储中心整体效率的重要手段。

1. 手推车

手推车是以人力进行推或拉的搬运工具，也是最为传统和基础的搬运工具。手推车有独轮、两轮、三轮和四轮之分。独轮车可以在狭窄的通道上行驶，能够原地转向，倾倒货物十分便利。常用的两轮车有搬运成件物品的手推搬运车、架子车和搬运零散物料的斗车等。手推车的广泛应用是因为它造价低廉、维护简单、操作方便、自重轻，能在机动车辆不便使用的场所工作，短距离搬运较轻的货物时十分方便。

2. 叉车

根据国家标准《物流术语》(GB/T 18354—2006)的规定，叉车是指具有各种叉具，能够对物品进行升降和移动及装卸作业的搬运车辆。

叉车广泛应用于物流仓储中心，是机械化装卸、堆垛和短距离搬运的高效设备。根据动力装置不同，叉车通常可以分为内燃叉车和电动叉车两类。

1) 内燃叉车

内燃叉车可分为普通内燃叉车、重型叉车、集装箱叉车和侧面叉车。

(1) 普通内燃叉车 (见图 4-31)，一般采用柴油、汽油、液化石油气或天然气发动机作为动力，承载能力为 1.2～8.0t，作业通道宽度一般为 3.5～5.0m。考虑到排放和噪声问题，通常用于室外、车间或其他对排放和噪声没有特殊要求的场所。由于燃料补充方便，因此可实现长时间的连续作业，而且能胜任在恶劣的环境下 (如雨天) 工作。

(2) 重型叉车 (见图 4-32)，采用柴油发动机作为动力，承载能力为 10.0～52t，一般用于货物较重的码头、钢铁等户外作业。

(3) 集装箱叉车，采用柴油发动机作为动力，承载能力为 8.0～45.0t，用于集装箱搬运，如集装箱堆场或港口码头作业。

(4) 侧面叉车，采用柴油发动机作为动力，承载能力为 3.0～6.0t。在不转弯的情况下，具有直接从侧面叉取货物的能力，因此主要用来叉取长条形的货物，如木条、钢筋等。

图 4-31　普通内燃叉车

图 4-32　重型叉车

2) 电动叉车

电动叉车以电动机为动力，由蓄电池供能，广泛应用于室内操作和其他对环境要求较高的工况，如医药、烟草、食品、电子商务类仓储与配送中心。

电动叉车可以分为电动搬运车、电动托盘堆垛车、电动前移式叉车和电动拣选式叉车。

(1) 电动搬运车，承载能力一般为 1.6~3.0t，作业通道宽度一般为 2.3~2.8m，货叉提升高度一般在 210mm 左右，主要用于物流仓储中心的水平搬运及货物装卸。电动搬运车有步行式、站驾式和坐驾式 3 种操作方式，可根据效率要求进行选择。图 4-33 和图 4-34 所示分别为步行式电动搬运车和站驾式电动搬运车。

图 4-33　步行式电动搬运车

图 4-34　站驾式电动搬运车

(2) 电动托盘堆垛车 (见图 4-35)，承载能力为 1.0~2.5t，作业通道宽度一般为 2.3~2.8m，在结构上比电动搬运车多了门架，货叉提升高度一般在 4.8m 以内，主要用于物流仓储中心的货物堆垛及装卸。

(3) 电动前移式叉车 (见图 4-36)，承载能力为 1.0~2.5t，门架可以整体前移或缩回，缩回时作业通道宽度一般为 2.7~3.2m，提升高度最高可达 11m，常用于物流仓储中心中等高度的堆垛、取货作业。

图 4-35 电动托盘堆垛车　　　　　图 4-36 电动前移式叉车

(4) 电动拣选式叉车 (见图 4-37)。该类型叉车操作台上的操作者可以与装卸装置一起上下运动,并拣选存储在两侧货架内货物的叉车。按升举高度可分为低位拣选式叉车和高位拣选式叉车。

图 4-37 电动拣选式叉车

低位拣选式叉车适用于车间内各个工序间加工部件的搬运,操作者可乘立在上下车便利的平台上,驾驶搬运车并完成上下车拣选货物,以减轻操作者搬运、拣选作业的强度。低位拣选式叉车一般乘立平台离地高度仅为 200mm,支撑脚轮直径较小,仅适用于在车间平坦路面上行驶。按承载平台 (货叉) 的起升高度分为微起升和低起升两种,可根据拣选物品的需要进行选择。

高位拣选式叉车适用于多品种、少量出入库特性的高层货架仓库,起升高度一般为 4~6m,最高可达 13m,可以大大提高仓储区空间利用率。

3) 叉车的选型注意事项

(1) 叉车的基本作业功能分为水平搬运、堆垛/取货、装货/卸货和拣选等。根据所要实现的作业功能可以从上面介绍的车型中初步确定。另外,特殊的作业功能会影响叉车的具体配置,如搬运纸卷等货品,需要叉车安装辅具来完成特殊功能。

(2) 叉车的作业要求包括托盘或货物规格、提升高度、作业通道宽度、爬坡度等，同时还需要考虑作业效率、作业习惯（如习惯坐驾还是站驾）等。

(3) 如果企业需要搬运的货物或环境对噪声和尾气排放等环保方面有要求，则选择车型时应有所考虑。如果是在冷库或有防爆要求的环境中，叉车的配置也应该是冷库型或防爆型的。仔细观察叉车作业时需要经过的地点，设想可能出现的问题。例如，出库、入库时门高对叉车是否有影响；进出电梯时，电梯高度和承载对叉车的影响；在楼上作业时，楼面承载是否达到相应要求。

在选型和确定配置时，要向叉车供应商详细描述工况，并实地勘察，以确保选购的叉车完全符合物流仓储中心的需要。完成以上步骤的分析后，可能仍然有几种车型能同时满足上述要求，此时需要注意以下几个方面。

第一，不同的车型，工作效率不同，那么需要的叉车数量、司机数量也不同，会导致一系列成本发生变化。

第二，如果叉车在物流仓储中心作业，不同车型所需的通道宽度不同，提升能力也有所差异，由此会带来物流仓储中心布局的变化，如货物存储量的变化。

第三，车型及其数量的变化，会对管理等诸多方面产生影响。

第四，不同车型的市场保有量不同，其售后保障能力也不同。例如，低位驾驶三向堆垛叉车和高位驾驶三向堆垛叉车同属窄通道叉车系列，都可以在很窄的通道内(1.5～2.0m)完成堆垛、取货。但是前者驾驶室不能提升，因而操作视野较差，工作效率较低；而后者能完全覆盖前者的功能，且性能更出众，因此销量更高。因此，大部分供应商侧重推荐高位驾驶三向堆垛叉车，而低位驾驶三向堆垛叉车主要应用在小吨位、提升高度低（一般在6m以内）的场景中。市场销量很少时，其售后服务的工程师数量、工程师经验、配件库存水平等服务能力就会相对较弱。

因此，要对以上几个方面的影响综合评估后，选择最合理的叉车类型。

3. 巷道式堆垛机

巷道式堆垛机通常简称堆垛机，是由叉车、桥式堆垛机演变而来的。堆垛机是立体仓库中最重要的搬运设备，是随着立体仓库的出现而发展起来的专用起重机。它的主要功能是在高层货架的巷道内来回穿梭运行，将位于巷道口准备存储的物料存储至货格，或者相反，将准备出库的物料从货格取出来并运送到巷道口。这种工作条件对堆垛机在结构及性能方面提出了一系列特殊要求。

堆垛机由运行机构、提升机构、装有存取货结构的载货台、机架、电气设备和安全保护装置等部分组成。

按照结构分类，巷道堆垛机可分为单立柱型和双立柱型；按照支撑方式分类，巷道堆垛机可分为地面支撑型、悬挂型、货架支撑型；按照用途分类，巷道式堆垛机可分为单元型、拣选型等；按照导轨配置形式，巷道式堆垛机可分为直道型、横移型和U形等；按照荷载质量，巷道式堆垛机可分为轻型（20～200kg）、中型（250～1 000kg）和重型（2.0t以上）；按照控制方式，巷道式堆垛机可分为手动、半自动和全自动等；按照金属结构的形式，巷道式堆垛机可分为单立柱和双立柱两种。前三种分类的巷道堆垛机的类型、特点和用途如表4-7所示。

表4-7 巷道堆垛机的类型、特点和用途

项目	类型	特点	用途
按照结构分类	单立柱型巷道堆垛机	①机架结构是由一根立柱、上横梁和下横梁组成的一个矩形框架；②结构刚度比双立柱型差	适用于起重量在2t以下，起升高度在16m以下的自动化立体仓库
	双立柱型巷道堆垛机	①机架结构是由两根立柱、上横梁和下横梁组成的一个矩形框架；②结构刚度较好；③质量比单立柱型大	①适用于各种起升高度的自动化立体仓库；②一般起重量可达5t，必要时还可以更大；③可用于高速运行
按照支撑方式分类	地面支撑型巷道堆垛机	①支承在地面铺设的轨道上，用下部的车轮支承和驱动；②上部导轨用来防止堆垛机倾倒；③机械装置集中布置在下横梁，易保养和维修	①适用于各种高度的自动化立体仓库；②适用于起重量较大的自动化立体仓库；③应用广泛
	悬挂型巷道堆垛机	①在悬挂于自动化立体仓库屋架下弦装设的轨道下翼沿上运行；②在货架下部两侧铺设下部导轨，防止堆垛机摆动	①适用于起重量和起升高度较小的小型自动化立体仓库；②使用较少；③便于转巷道
	货架支撑型巷道堆垛机	①支承在货架顶部铺设的轨道上；②在货架下部两侧铺设下部导轨，防止堆垛机摆动；③货架应具有较大的强度和刚度	①适用于起重量和起升高度较小的小型自动化立体仓库；②使用较少
按照用途分类	单元型巷道堆垛机	①采用托盘单元或货箱单元进行出入库；②自动控制时，堆垛机上无司机	①适用于各种控制方式，应用最广；②可用于货到人拣选作业
	拣选型巷道堆垛机	①堆垛机上的操作人员从货架内的托盘单元或货物单元中取少量货物，进行出库作业；②堆垛机上装有司机室	①一般为手动或半自动控制；②用于货到人拣选作业

堆垛机的额定载重量一般为几十千克到几吨，其中500kg的使用最多，高度为6～24m，国内最高可达40m。它的最大运行速度为标准型80m/min和高速型200m/min，最大提升速度为标准型20m/min和高速型50m/min，最大货叉伸缩速度为标准型12m/min和高速型50m/min。国外堆垛机发展的趋势如下：①高速化，目前水平速度可高达400m/min，垂直速度也可达100m/min；②自重轻，随着自重减轻，其提升高度将会更高，现已可达50m；③准确化，其停位精度由10mm降到了3mm；④载重大，载重量已达5 000kg，航空集装箱专用堆垛机已达16 500kg。

堆垛机的优点在于可以方便地为多个巷道服务，适用于单元装载物品的存取，在自动化立体仓库中应用最广。

4. AGV

AGV(automated guided vehicle，自动引导运输车)是装备有电磁、光学或其他自动导引装置，能够沿规定的导引路径行驶，具有安全保护以及各种移载功能的运输小车。AGV 作为一种输送系统，广泛应用于汽车装配、烟草、电子商务等制造企业，以及港口等场合。随着 AGV 的不断发展，不仅其形式发生了巨变，其应用场合亦发生了根本性的变化。京东物流研发的地狼搬运 AGV，已将 AGV 的应用从单纯的输送系统转变为一个集存取与输送于一体的货到人系统，其应用前景广阔。AGV 相对于 RGV 来说具有更广泛的应用场景，在机械加工、仓储、组装等制造流程的不同环节，AGV 都发挥着重要的作用，甚至已经成为现代化智能工厂最具标志性的配置之一。

京东自研的地狼搬运 AGV(见图 4-38) 具有智能排产、路径规划、自动避让、自主充电等功能，可柔性应对各类仓储物流作业场景，实现仓内货到人拣选解决方案，解决仓储物流存储密度低、出库效率低、自动化改造建设成本高等痛点。AGV+AR 解决方案可以提高作业效率、降低运营成本、提升客户体验。

图 4-38 京东物流自研地狼搬运 AGV

除了目前比较常见的 AGV，RGV、IGV 也是自动化物流体系中不可或缺的一分子。

RGV(rail guided vehicle，有轨制导车辆，又称有轨穿梭小车)常用于各类高密度存储方式的立体仓库，小车通道可根据需要设计任意长，并且在搬运、移动货物时无须其他设备进入巷道，速度快，安全性高，可以有效提高仓库系统的运行效率。作为仓储的周边设备，RGV 可以十分方便地与其他物流系统实现自动对接，如出/入库站台、各种缓冲站、输送机、升降机和机器人等，按照计划进行物料的输送。另外，它无须人员操作，运行速度快，因而显著降低了仓储成本，提高了劳动生产率，同时穿梭车的应用可使物流系统变得非常简洁。

IGV(intelligent guided vehicle，智慧型引导运输车)是最近几年提出的新概念。和传统 AGV 相比较，IGV 柔性化程度更高，无须借助任何固定标记物行驶，并且路径灵活多变，可根据实际生产需求灵活调度。

5. 多层穿梭车

多层穿梭车主要完成存取作业，可满足每小时多达 1 000 次的作业存取需求。这是一个革命性成果，将存取效率提升了一大步。多层穿梭车是高密度存储系统的关键设备，是一种智能机器人，可以完成取货、运送、放置等任务，并可与上位机或仓储管理系统进行通信，结合 RFID、条形码等识别技术，实现自动化识别、存取等功能。图 4-39 是京东物流自研的天狼多层穿梭车。

穿梭车

结构紧凑，具有更高的作业效率；标准型和随动型穿梭车，适应多种场景，适应更多的箱型；配合换层提升机，可完成换层作业

400mm×600mm 负载长×宽	150~450mm 负载高	<±3mm 定位精度
4m/s 速度	2m/s² 加速度	30kg 额定负载

图 4-39　京东物流自研的天狼多层穿梭车

（二）输送设备

输送设备是物流仓储中心必不可少的重要搬运设备。按动力源划分，可分为重力式和动力式两种。重力式输送设备就是以输送物品本身的重量为动力，在倾斜的输送设备上由上向下滑动。动力式输送设备就是以电动机为动力的输送设备。按照输送设备上使用的容器划分，输送设备可以分为箱式输送机和托盘式输送机两大类。下面介绍几种常用的输送设备。

1. 带式输送机

带式输送机(见图 4-40)是一种摩擦驱动、以连续方式运输物料的机械，主要由机架、输送带、托辊、滚筒、张紧装置、传动装置等组成，属于箱式输送机。带式输送机除了进行纯粹的物料输送外，还可以与各工业企业生产流程中的工艺过程相配合，形成有节奏的流水作业运输线。带式输送机可分为普通带式输送机、钢绳芯带式输送机和钢绳牵引带式输送机。

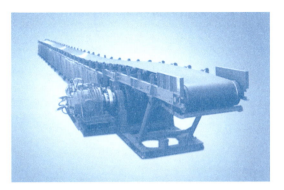

图 4-40　带式输送机

带式输送机可水平输送或倾斜输送物品，具有输送量大、结构简单、维修方便、成本低、通用性强、使用方便等优点，既可以用于碎散物品的输送，也可以用于成件物品的输送。

2. 辊筒输送机

辊筒输送机(见图 4-41)是指利用架设在由若干个直线或曲线分段拼接的固定支架上的若干个辊子来输送成件物品的输送机，属于托盘式输送机。

辊筒输送机可以单独使用，也可在流水线上与其他输送机或工作机械配合使用。按照布置形式分类，可分为水平输送辊筒输送机、倾斜辊筒输送机和转弯辊筒输送机。

辊筒输送机可以实现直线、曲线、水平、倾斜运行，并能完成分流、合流等，具有结构简单、工作可靠、安装拆卸方便、易于维修、线路布置灵活等优点。

辊筒输送机可用于各类箱、包、托盘等件货的输送，散件、小件物品或不规则物品需要放在托盘上或周转箱内输送，能够输送单件重量很大的货品。

图 4-41　辊筒输送机

3. 链式输送机

链式输送机是利用链条牵引、承载或由链条上安装的板条、金属网带、辊道等承载货物的输送机，如图 4-42 所示。链式输送机常与其他输送机、升降装置等组成各种功能的生产线。根据链条上安装的承载面的不同，可分为链条式、链板式、链网式、板条式、链斗式、托盘式或台车式。链式输送机具有输送能力大、能耗低、安全性高、使用寿命长、工艺布置灵活、费用低、维修少等优点。

图4-42　链式输送机

除了以上介绍的输送机类型之外，还有垂直提升机和螺旋拉升机，这两种类型的输送机一般都应用在生产型企业在仓外进行生产性原料搬运的场景中，例如医药、化学工业品、电力、冶金、煤矿、粮食加工等行业的原料搬运场景，一般在仓内应用较少，此处不再分别讲述。

三、实施方法

搬运输送设备的选择主要从功能选型、设备选型、用量计算等角度综合考虑。搬运设备选型基本依据如图4-43所示。

功能选型	设备选型	用量计算
搬运堆垛功能 ●装货/卸货 ●水平搬运 ●堆垛/上架 拣选功能 ●高位拣选 ●低位拣选 ●牵引/拖车	参数选型 ●载重量 ●举升高度 ●货叉要求 ●直角堆垛距离 ●空载/满载速度 ●满载爬坡度 ●自由提升高度	需求因素分析 ●日订单深化分析 ●工作班制 ●搬运距离分析 ●峰值系数分析 叉车计算 ●工作循环计算 ●搬运车辆清单

图4-43　搬运设备选型基本依据

1. 根据应用场景选择功能适用的搬运和输送设备

选择搬运和输送设备的基本原则是满足现场作业需求，设备的选择与现场作业量相匹配，能够形成最佳的配合状态。另外，在实际项目的规划中，还要考虑项目的投资预算计划，使投资与效率达到平衡状态。本任务中暂时忽略投资预算的因素。

下面以叉车、AGV 和堆垛机等典型搬运设备为例，分别描述搬运和输送设备的主要考虑因素，以及如何在不同的场景下选择适用的设备。

1) 选择叉车的考虑要素

叉车是物流仓储中心使用最广泛的搬运设备，也是最主要的搬运设备。选择叉车的时候主要考虑以下因素。

(1) 环境要求。室外作业或者环境恶劣的仓储配送中心宜选用内燃式叉车，反之宜选用电瓶式叉车。

(2) 荷载。叉取货物的重量决定了叉车的荷载。一般电瓶式叉车的荷载不超过 3t，超过 3t 的最好选用内燃式叉车。

(3) 通道宽度。平衡重式叉车要求通道宽度最大，但作业速度最快，前移式叉车次之，VNA 所需通道最窄。

(4) 举升高度。托盘搬运车、堆垛车、前移式叉车、平衡重式叉车的应用场合有所不同，一般根据举升高度和搬运距离来选择。平面搬运一般采用托盘搬运车，举升高度 6m 以下的宜选择平衡重式叉车，举升高度大于 6m 的宜选用前移式叉车或窄巷道叉车。另外，还应根据举升高度来确定是两级门架还是三级门架。

(5) 货叉要求。要确定货叉是否需要侧移，是否配专用夹具，货叉长度是否有特殊要求，最后一点往往被忽视。

(6) 轮胎。根据地面和清洁的要求，应选择不同的轮胎。一般有橡胶轮胎和聚氨酯轮胎两大类。橡胶轮胎摩擦系数大，但容易留下胎痕；聚氨酯轮胎不会留下胎痕，但在光滑的硬质地面容易打滑。

(7) 是否有防爆要求。

(8) 充电要求。有的叉车充电电压是 220V，有的是 380V；是整车充电还是把电池组卸下来充电；当物流仓储中心叉车数量较多时，是集中充电还是分散到几个区域充电。

(9) 作业强度和班次。电瓶式叉车一般按 8 小时作业量来配备电瓶，如果作业强度大，采用两班制或三班制作业，就要考虑配备备用电瓶。

2) 选择 AGV 的考虑要素

AGV 适用于自动化程度较高的仓储中心，选择时除了考虑其安全性、可靠性要素之外，还要考虑荷载、尺寸、自动、速度等。

3) 选择堆垛机的考虑要素

堆垛机主要应用于自动化立体仓库，常用的堆垛机为有轨巷道堆垛机、无轨堆垛机。在总体设计时，要根据仓库的高度、自动化程度和货物的特征等合理选择其规格结构，并确定主要性能参数，包括外形尺寸、工作速度、起重量和工作级别等。

自动化立体仓库的配套设备应根据系统的流程和工艺统筹选择，并根据自动化立体仓库的出入库频率、货物单元的尺寸和重量等确定各配套机械及设备的性能参数。根据出入库频率确定各个机构的工作速度，根据货物单元的重量选定起重、装卸和堆垛设备的起重量。

一般的自动化立体仓库为单元货格式，其主要作业设备是有轨巷道式堆垛机，堆垛机的布置有直线轨道式、U形轨道式和转轨车式三种方式，如图4-44所示。每条巷道只能配备一台直线轨道式堆垛机，每台U形轨道式堆垛机可服务于多条巷道。通常以每条巷道配备一台堆垛机最为常见。当库容量很大，巷道数多而出入库频率要求较低时，可以采用U形轨道式或转轨车式以减少堆垛机的数量。

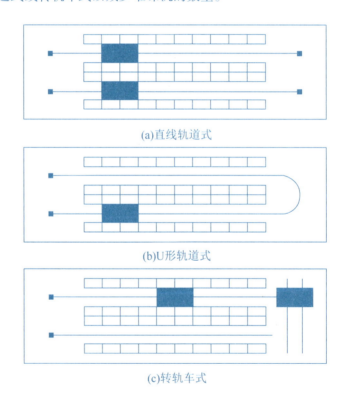

(a)直线轨道式

(b)U形轨道式

(c)转轨车式

图4-44 堆垛机布置方式

4) 输送设备选择的考虑要素

选择输送设备时，主要考虑不同设备适用的件型、承载、速度，来判断是否满足货品输送需求。几类主要输送设备的参数如表4-8所示。

表 4-8　几类主要输送设备的参数

输送设备类型	基础参数	适用件型	处理能力
皮带输送机	长：3 000mm、6 000mm、9000mm、12 000mm、15 000mm 宽：860mm、1 060mm、1 260mm 承载：60kg/m^2 速度：25～60m/min	除去不规则外形及超尺寸的全部产品	2 000～4 000件/小时；6000～8 000件/小时（堆叠）
滚筒输送机	长：1 000mm、3 000mm、6 000mm、9 000mm 宽：540mm、740mm、940mm 承载：60kg/m^2 速度：25～60m/min	周转箱及包装纸箱类	1 000～3 000箱/小时
伸缩皮带机	固定带+伸出段：5 500mm+10 000mm、8 000mm+17 000mm等 宽：800mm、1 000mm 承载：60kg/m^2 速度：20～40m/min	除去不规则外形及超尺寸的全部产品	2 000～4 000件/小时
转弯机	角度：30°、45°、60°、90°、180° 宽：800/1 000mm 承载：60kg/m^2 速度：25～60m/min	除去不规则外形及超尺寸的全部产品	2 000～4 000件/小时

一般来说，设备厂家会直接给出不同设备的参数，参数中已经给出承载及速度，因此可以将仓储中心的出入库输送流量作为选择设备及设备规模的依据。

2. 搬运设备规划实施过程

选择搬运设备时，可以结合应用场景、出入库流量来选择适用的设备类型及测算设备规模。

1) 明确出入库及补货的流量

出入库流量是仓储中心规划的原点，所有的规划方式和内容都是以能够高效地执行出入库流量为目标。搬运设备的主要功能是在货品出入库的过程中对货品进行移动，节省人力，提高效率。因此，明确出入库流量是选择搬运设备的基础。

2) 选择设备参数

选择设备实际就是选择参数。根据库内场景以及不同设备需要考虑的要素，选择合适的设备类型之后，最重要的就是评估什么设备的参数与业务需求更匹配。搬运设备的主要参数包括额定载重量、水平行驶速度、起升速度和下降速度、最小转弯半径、设备自重及设备尺寸等。在不同的区域，根据搬运货品的特点选择不同参数的设备，例如需要考虑搬运货物的重量，去选择匹配额定载重量的搬运设备；搬运设备的行驶速度或升降速度也直接影响搬运作业效率，需要根据库内流量来选择能达到相匹配的搬运速度的设备，根据速度就可以测算出单一设备在1小时内的作业量，这样就可以大致测算出需要的设备数量。

3) 综合考虑其他要素确定搬运设备数量

除了出入库流量之外，还需要根据搬运策略、库房面积等测算所需搬运设备的数量。根据出库量和设备参数测算出理想数量之后，往往还要考虑整体的库内面积以及搬运设备作业的区域。如果作业面积有限，还要适当减少数量，在作业区域面积及数量之间做出平衡。在实际的项目规划中，往往还要考虑投资预算，在投资预算允许的范围内确定设备数量，以达到搬运设备作业效率的最大化。

3. 输送设备规划实施过程

输送设备规划方法与搬运设备规划方法一致，同样需要测算流量来确定设备类型，根据不同设备的适用件型等特点，选择适用的输送设备及参数。与搬运设备不同的是，输送设备需要设计布局规划。一般情况下，输送线的布局原则是尽量不占据主通道，围绕厂房周边布局输送线。但是在有些情况下，考虑工况及具体需求，输送线需要布局在货架中间，方便拣货、路径短。

下面以辊筒输送机为例，来说明输送线的选型实施过程。

1) 分析货物状态

首先，适合辊筒输送机的货物应该是底部平整的硬质物体，如硬质纸箱、平底塑胶箱、金属（钢制）料箱、木制托盘等。而当货物的接触底面为软质或不规则时（如软包、手提包、不规则底面的零件），则不适合用辊筒输送。辊筒输送线适用及不适用货物，如图4-45所示。

⚠ 货物和辊筒的接触面过小（点接触或线接触），易损坏辊筒（局部磨损、锥套破损等）。

图4-45 辊筒输送线适用及不适用货物

另外,除了件型对输送线类型有要求之外,产品包装也会对温度、环境等有一些特殊要求。例如,塑胶件在低温环境下脆性大,不适宜长时间使用。不同的辊筒都有其适用温度,一般设备厂家都会在参数中给出不同设备的适宜温度。例如,包胶辊筒使用后会产生少量的粉状物,所以不可应用于要求无尘的环境;聚氨酯易吸附外界颜色,故不能输送带有印刷色的包装和物质。

2) 辊筒长度规划

不同宽度的货物应选取适合的辊筒长度(即辊面长度,用 W 表示),辊面长度如图 4-46 所示。对于直线段输送,一般情况下参照以下公式来选取:

$$W=B+\Delta B$$

式中,B 代表货物宽度;ΔB 代表宽度余量,一般取 50～150mm。

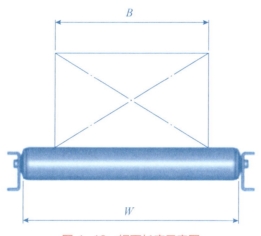

图 4-46　辊面长度示意图

对于底部刚性很大的货物,在不影响正常输送和安全的情况下,货物宽度可略大于辊面长度,一般可取 $W \geqslant 0.8B$,如图 4-47 所示。

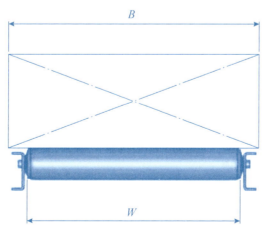

图 4-47　底部刚性很大的货物与辊筒长度比例示意图

3) 辊筒间距的设定

为确保货物的平稳输送,辊筒间距(即中心距,用 T 表示)的选取原则是输送的任意时刻,至少有 3 支以上的辊筒支撑货物,即 $T \leq L/3$,如图 4-48 所示。

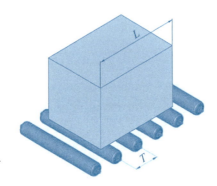

图 4-48 辊筒承载货物示意图

(1) 对于要求输送平稳的货物,可取 $T=(1/5 \sim 1/4)L$ 或者更小。

(2) 对于柔性大的细长货物,还需要考虑货物的挠度,货物在一个辊筒间距上的挠度应小于辊筒间距的 1/500,否则会极大地增加运行阻力。

(3) 双链输送的间距设定还必须满足公式 $T=np/2$。

另外,还需要确认每支辊筒的承载不能超过其最大静荷载,该荷载是指无冲击下的均布荷载,如果存在集中荷载,则需要加大安全系数。

4) 布置方式

布置方式分为无动力输送和动力输送两种模式。

(1) 无动力输送。无动力输送是最简单、应用最广泛的一种输送方式,辊筒运转呈被动状态,货物依靠重力或在人力推拉的作用下进行输送,通常为水平或倾斜布置。

水平布置时,货物通过人力推拉或其他牵引实现输送,适合货物重量小、输送距离短、工作不频繁的场合。

货物依靠重力在倾斜方向的分力实现输送,倾斜角度越大、货物越重,下滑越快。

(2) 动力输送。动力输送中,货物可以按规定的速度精准、平稳、可靠地输送,根据传动方式的不同,分为带传动和链传动两大类。

带传动方式运行平稳,噪声小,对环境污染少,允许高速运行,但其负载能力相对较弱,应避免在有油污的条件下工作。

链传动方式负载能力大,对环境适应性强,可在经常接触油、水和温度较高的场合工作,但在多尘环境时链条易磨损。货物输送速度一般不超过 30m/min。

5) 转弯输送设计

在较大型的仓储中心,根据作业流程,输送机的布置都会发生转弯输送的情况,辊筒输送带利用锥形辊筒不同直径的大小端，产生不同的线速度，从而使货物平稳转弯输送。辊筒安装时轴芯线倾斜，与水平面呈 θ/2 的夹角，辊面保持水平（θ 的标准值为 3.6°）。转弯输送半径的计算示意如图 4-49 所示。

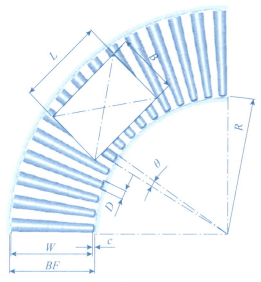

图 4-49　转弯输送半径计算示意图

理论上，锥形辊筒筒体母线的延长线必须与圆弧机架的圆心汇于同一点，这样才能实现理想的转弯输送，可通过以下公式来计算：

$$R = \frac{D}{K} - c$$

式中，R 为转弯半径；D 为锥辊小端直径；K 为锥度（用分数形式表示，如 1/16、1/30 等，换算公式为 $K = 2\tan\theta/2$）；c 为锥辊小端与机架内侧的间隙。

常用锥形辊筒相关参数如表 4-9 所示。

表 4-9　常用锥形辊筒相关参数　　　　　　　　　　　　单位：mm

型号	锥度	小端直径 D	转弯半径 R
1600	3.6°	52.9	830
2624		56	880
2650	3.6°	52.9	800
2660		56	850
2640	3.6°	52.9	760
		56	810
1500	3.6°	50	790
2521			

四、任务实施

● 项目背景

　　XM 公司是一家以生产及销售母婴用品为主的企业，主要生产棉质物品，包括毛巾、婴儿服饰、母婴用品等。线下实体门店不断扩张和发展，近几年也同时发展了电商运营，在主要的电商平台都开通了官方旗舰店。业务的扩张和电商零售模式的发展，对 XM 公司的仓储运营提出了新的要求。过去，XM 公司以线下门店出货形式为主，开展电商运营以后，出现了大量的拆零拣货需求，导致仓储中心需要在布局和作业流程方面升级改造。基于此需求，公司计划对现有的仓储中心整体改造，包括提升自动化水平，以提高仓储中心的整体作业效率。

● 规划过程

1. 规划目标

　　(1) 基于电商零售模式，能够满足"双 11"促销活动的需求，以此为目标规划自动化立体仓库规模。
　　(2) 规划自动化立体仓库布局，通过自动化存储提升存储和拣选效率。
　　(3) 业务目标如下。
　　最大存储能力：4 万 m^3，最大入库能力 240 托/小时，最大出库能力 120 托/小时。
　　效率提升：二楼拆零拣选效率提升 100%，从原有 20 单/(人·小时) 提升到 40 单/(人·小时)。大单品作业效率提升 50%，从 50 单/(人·小时) 提升到 75 单/(人·小时)。
　　(4) 规划自动化输送系统，提升货品拣选后的输送出库效率。

2. 规划方案

1) 布局规划方案

　　从存储能力、出入库能力及相对成本等多维度进行对比，自动化立体仓库是目前托盘存储量最大，出入库能力最强，成本相对最低的技术。因此根据前期提供的材料，合计设计 14 台堆垛机，其中单深堆垛机 6 台，双深堆垛机 8 台。货架存储区设计 66 列、38 排、9 层，合计 22 572 托盘位，满足系统设计需求。设计 4 台提升机，用于功能区与自动化立体仓库之间的托盘转运。

　　从整体布局来看，一楼主要规划为收、发货功能区域，二楼为下线补货、空托盘返回车间功能区域，如图 4-50 和图 4-51 所示。

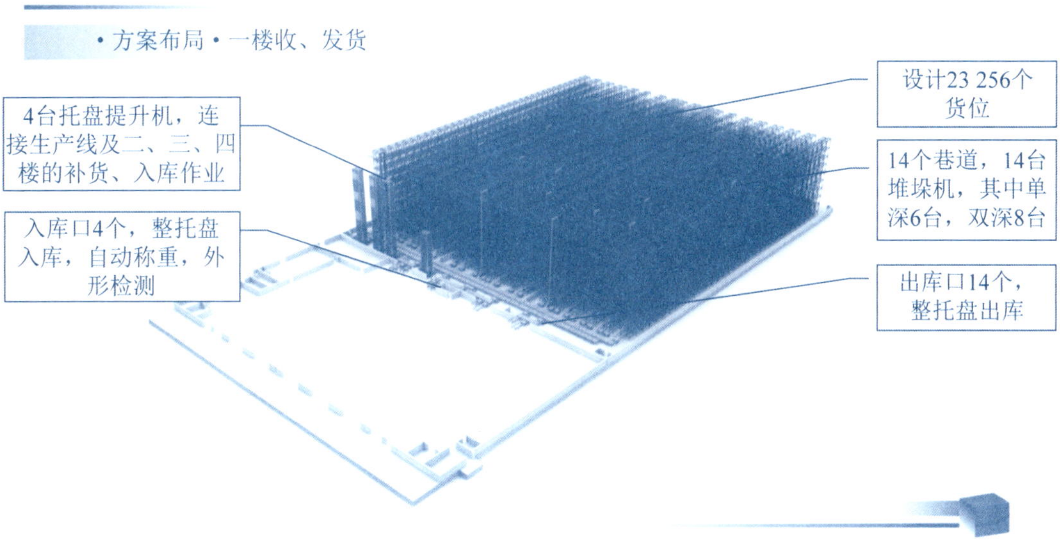

•方案布局•一楼收、发货

- 4台托盘提升机，连接生产线及二、三、四楼的补货、入库作业
- 入库口4个，整托盘入库，自动称重，外形检测
- 设计23 256个货位
- 14个巷道，14台堆垛机，其中单深6台，双深8台
- 出库口14个，整托盘出库

图4-50　一楼布局

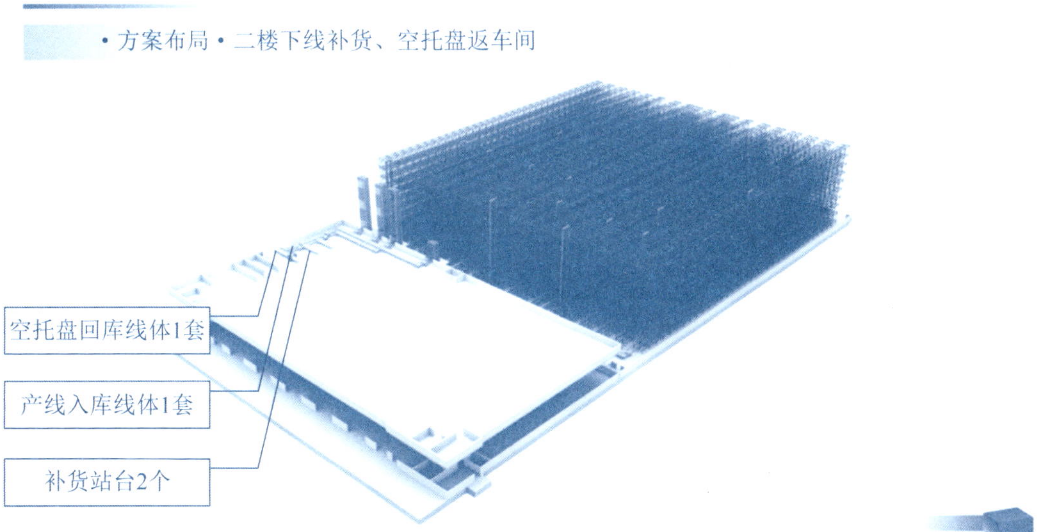

•方案布局•二楼下线补货、空托盘返车间

- 空托盘回库线体1套
- 产线入库线体1套
- 补货站台2个

图4-51　二楼布局

2) 输送设备选择

本项目中选用的输送机设备主要是链式输送机和辊筒输送机。

(1) 链式输送机(见图4-52)。链式输送机以链条作为牵引体和承载体输送物料，以马达驱动链条牵引，连续输送物料的物料搬运机械。其自身具有承载力大、运输平稳等特点，可实现托盘搬运过程中直行，由输送线中的垂直顶升移载机垂直转向搬运等功能。链式输送机可对不同尺寸的托盘进行输送，并确保不会发生倾倒及掉落现象。链式输送机具有输送能力大、能耗低、安全性高、使用寿命长、工艺布置灵活、费用低、维修少等优点，适合重型托盘物品的输送。

图 4-52 链式输送机

(2) 辊筒输送机 (见图 4-53)。辊筒输送机主要用于托盘的输送,通过减速电动机进行驱动,由辊筒对托盘进行承载。

图 4-53 辊筒输送机

辊筒输送机可以实现直线、曲线、水平、倾斜运行,并能完成分流、合流等要求,具有结构简单、工作可靠、安装拆卸方便、易于维修、线路布置灵活等优点,适用于各类箱、包、托盘等件货的输送,散件、小件物品或不规则物品需要放在托盘上或周转箱内输送,能够输送单件重量很大的货品。这也是本项目中选择辊筒输送机的原因。

除了以上两种输送设备,本项目还选用了托盘移载机构和托盘拆码机构,托盘顶升移载机主要用来对托盘物料或箱体物料进行升降和输送,是一种可以变换输送面高度的输送设备。它通常嵌套在链式输送机或辊筒输送机内部,输送方向与所嵌套的设备输送方向垂直。通过与所嵌套的输送设备及上下游设备配合,可以实现物料输送的垂直转向。

托盘拆码盘机与链式输送机配合使用,链式输送机嵌套于托盘拆码盘机内部,适用于空托盘的码垛和托盘组的拆分。设备运行稳定、可靠,使用和维护方便。

五、任务总结

搬运与输送设备规划是仓储中心规划中,设备选型规划的重要内容,是仓储中心存储与分拣发货之间的重要作业过程,是存储作业到分拣作业的重要中间环节。搬运与输送作为必不可少的重要环节,是提升整个仓储作业能力的关键环节。在此环节的规划中,哪些区域选用自动化设备,选用何种参数的自动化设备等都是需要考虑并设计的内容。

本任务对搬运与输送设备的分类及特点做了介绍,并通过 XM 公司实际案例提炼了此类设备规划过程中的实施方法,希望学习者能够通过理论、施方法、案例的学习,掌握搬运与输送设备规划的知识和技能。

任务三 分拣设备选型与规划

● 知识目标

1. 掌握分拣设备的常见类型。
2. 掌握不同分拣设备的特点及适用场景。
3. 掌握分拣设备的选择与规划方法。

● 技能目标

能够针对不同的场景选择适用的分拣设备。

一、任务描述

分拣是将物品按品种、出入库先后顺序进行分门别类地堆放的作业,是根据客户订单将所需货物从其储位拣选出来,并按一定的方式进行分类、集中,等待发货的过程。

随着消费需求的多元化和物品品种的多元化,多品种、多批次的物品分拣得到了迅速发展。最早的传统人工分拣已难以满足多品种、小量化、多批次的配送需求,自动化分拣设备的应用,大幅度提升了分拣作业的效率。在分拣设备种类越来越多的今天,面对不同种类、五花八门的商品类别,面对大量的分拣任务,如何选择自动化分拣设备,人工拣选和自动化设备拣选两种方式如何互补提高拣选效率,拣选设备如何布局,是仓储项目规划人员应该掌握的内容。

最近几年,随着互联网技术的快速发展和消费的升级转型,特别是以电商为代表的商业形态出现井喷式发展，使得商品流通趋于小批量、多批次、高频次，从而使得物流产业发生重构。原来的人工、半自动的矩阵式分拣作业方式已无法满足这种大规模、短时限的配送需求，使得应用了自动输送分拣系统的大型仓配一体物流中心逐渐成为现代物流系统的核心。智能分拣系统能够充分发挥速度快、目的地多、效率高、差错率低和基本实现智能化、无人化作业的优势，目前已在国内外大多数大型配送中心应用。

本任务主要介绍分拣设备的类型和特点，目的是帮助学习者掌握不同场景下的设备选用原则和规划方法，能够在实际项目中根据项目业务特点和需求，选择合适的分拣设备。

在本任务中，依托任务实施中的项目方案，需要完成如下工作：
(1) 根据项目说明，规划选择适宜的分拣设备；
(2) 形成项目方案，同时满足 B2B、B2C 的业务场景。

二、必备知识

按照分拣作业的发展历程，分拣作业可以分为人工分拣、机械分拣和自动分拣 3 类。自动分拣系统 (automatic sorting system，ASS) 是目前应用较为广泛的分拣系统。自动分拣系统一般由输送装置、控制装置、分拣道口、分拣装置和计算机控制系统组成。

输送装置的主要组成部分是传送带或输送机，其主要作用是使待分拣物品通过控制装置、分拣装置。输送装置的两侧一般要连接若干分拣道口，使分好类的物品滑下主输送机 (或主传送带) 以便进行后续作业。

控制装置的作用是识别、接收和处理分拣信号，根据分拣信号，指示分类装置按物品品种、送达地点或按货主的要求对物品进行自动分拣。分拣信号可以通过条形码扫描、键盘输入、重量检测、语音识别、高度检测及形状识别等方式，输入分拣控制系统。分拣控制系统对这些分拣信号进行判断，来决定某种物品应进入哪一个分拣道口。

分拣道口是已分拣物品脱离主输送机 (或主传送带) 进入集货区域的通道，一般由钢带、皮带、滚筒等组成滑道，使物品从主输送装置滑向集货站台，再由工作人员将该道口的所有物品集中后进行后续作业程序。

分拣装置的作用是根据控制装置发出的分拣指示进行作业。当具有相同分拣信号的物品经过该装置时，该装置给予信号，使物品改变在输送装置上的运行方向进入其他输送机或进入分拣道口。

以上 4 部分装置通过计算机网络和计算机控制系统联结在一起，配合人工控制及相应的人工处理环节构成一个完整的自动分拣系统。

物流仓储中心每天接收来自不同供应商的数以万计的商品，并按商品品类等信息进行准确、快速分类后存储至指定地点。当配送中心接到订单发货指示时，从不同储位上取出商品，按配送信息运送到不同的区域或站台集中打包，以便装车发运。

智能输送分拣系统的运行效率、准确率、可用度等是决定仓储中心物流系统的作业效率、作业成本、作业质量和用户满意度的重要因素。

1. 分拣中心基本作业流程

在实际运营中，电商、快递、商超的仓储中心内部作业各有特点，自动化程度也高低不同，但其基本流程相差不大，如图4-54所示。例如，典型的快递配送中转场业务流程包含卸车、输送、单件分离、信息识别、分合流、供包、分拣、打包、装车等环节。

配送中心的搬运成本中，分拣作业搬运成本约占80%；在劳动密集型配送中心，与分拣作业直接相关的人力占50%；分拣作业时间占整个配送中心作业时间的30%～40%。所以，合理规划与管理分拣作业可以有效提高配送中心作业效率和降低作业成本。

图4-54 典型快递配送中转场业务流程

2. 智能分拣系统的主要分类

分拣系统是一种集成多学科理论、技术的系统装备，需要一定的技术环境和应用环境支持。不同行业、不同工况下，对自动分拣系统的功能需求具有多样性。

根据分拣装置的不同，目前典型的常见自动分拣设备主要有以下几种类型。

1) 滑块式分拣机

滑块式分拣机的表面由多个金属条板构成，每个条板上有一枚用硬质材料制成的导向滑块，通过计算机控制，滑块能沿条板有序地自动向输送机一侧滑动，因而物品就能被引出主输送机，如图4-55所示。滑块式分拣机是将物品向侧面逐渐推出，并不冲击物品，故物品不易损伤。滑块式分拣机适用范围广泛，适用于不同大小、质量、形状物品的快速分拣。

图 4-55 滑块式分拣机

该类型分拣设备最高效率可达几千件/小时，且分拣差错率低，分拣能力强，分拣数目可达数十个；对分拣物品的形状、质量、大小、包装形式等适应性强，适用于各种箱、包、袋、扁平件等无滚动物件的分拣；高速度、高效率，系统输送的最高速度可以达到120m/min，并可在 60～120m/min 范围内无级自动调节，既可满足高峰时的生产效率需求，又能满足一般作业时的低噪声、低能耗需求，延长设备的使用寿命。

2) 交叉带式分拣机

交叉带式分拣机由主驱动带式输送机和载有小型带式输送机的台车构成，当物品输送到规定的分拣位置时，台车上小型带式输送机的皮带转动，将物品强制卸落在左侧或右侧的格口中。因主驱动带式输送机与台车上的小型带式输送机呈交叉状，故将其称为交叉带式分拣机。交叉带式分拣机技术性能优越、机型及布局形式丰富多样，可分为环形交叉带式分拣机和直线交叉带式分拣机，如图 4-56 和图 4-57 所示。其中，环形交叉带式分拣机在生产实际中应用较广，其上的绝大部分物品可实现一次分拣到位。交叉带式分拣机适用于纸板箱、小型包裹、带衬垫信封、食品、化妆品、电子产品、服装等物品的快速分拣。

图 4-56 环形交叉带式分拣机

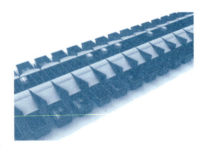

图 4-57 直线交叉带式分拣机

交叉带式分拣机应用场景包括：分拣中心、中转场地、仓库发货、站点等包裹按路向分拣；商品播种，即按订单分拣；退货场景下的按库位分拣；在穿梭车等场景下执行容器的按逻辑分拣。交叉带式分拣机也能够很好地解决逆向退货问题。交叉带式分拣机核心参数如表4-10所示。

表4-10 交叉带式分拣机核心参数

分拣效率	货物尺寸范围	货物质量范围
0.6万～1.1万件/小时(单供包) 0.85万～1.7万件/小时(双供包、不复用) 1.1万～2.2万件/小时(双供包、复用) 实际效率受SKU特性、订单结构影响	最大尺寸：600mm×600mm×400mm 最小尺寸：100mm×100mm×10mm	50g～25kg

3) 斜导轮式分拣机

斜导轮式分拣机(见图4-58)主要是利用斜导轮的导向作用进行物品分拣。斜导轮可以在输送设备上上下浮动，实现与分拣物品的接触和分离，当物品到达预定的分拣位置时，斜导轮浮起与物品接触，改变物品的移动方向，实现物品分拣。斜导轮式分拣机对物品冲击力小、分拣轻柔、快速、准确。斜导轮式分拣机适用于具有硬平底面的各类物品的快速分拣。

图4-58 斜导轮式分拣机

4) 挡板式分拣机

挡板式分拣机(见图4-59)是利用一个挡板挡住在输送机上向前输送的物品，使物品沿挡板斜面滑到指定位置以达到分拣物品目的的分拣设备。挡板一般安装在输送机的两侧，不与输送机的上平面接触，即使在操作时也只接触物品而不触及输送机的输送表面，因此它对大多数形式的输送机都适用。就挡板本身而言，也有不同的形式，如直线形、曲线形，也有的在挡板工作面上装有滚筒或光滑的塑料材料，以减少摩擦阻力。挡板式分拣机具有结构简单、价格较低等特点。

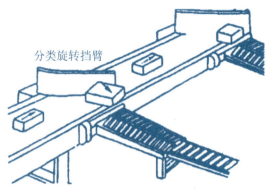

图 4-59 挡板式分拣机

5) 翻盘式分拣机

翻盘式分拣机是由托盘、倾翻装置、底部框架等组成，利用托盘倾翻的方式进行物品分拣，如图 4-60 所示。托盘倾翻方式分为机械倾翻和电动倾翻两种。翻盘式分拣机具有结构简单、可靠耐用、易维修保养等特点，适合大批量物品的分拣，如报纸捆、米袋等。翻盘式分拣机在快递行业有应用，更多地应用在机场行李分拣场景，最大分拣能力可达到 12 000 件/小时。

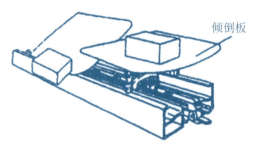

图 4-60 翻盘式分拣机

三、实施方法

分拣设备主要应用于仓储中心的货物分拣，主要解决分拣效率低、精准性差等问题，主要目的是提升整个仓储中心的作业效率。分拣设备的选择主要考虑设备类型是否匹配业务形态。对于仓储中心规划人员来说，首先要对市面上主流的分拣设备类型非常熟悉，了解不同设备使用场景、特点及主要参数，结合客户需求选择与货品形态匹配的分拣设备。

1. 出入库数据分析

所有设备的规划都要以数据分析作为依据，数据分析的重点是每天的出入库量，根据仓储中心一天的作业时长和波次来确定每小时的出入库量。根据出入库量，并且结合未来的增量预测未来3～5年的出入库作业量。出入库数据量是选择分拣设备的基础依据之一。

不同的分拣设备有不同的数据参数，一般来说，根据设备参数中的每小时分拣量，可以大致框定分拣设备类型的范围。例如，交叉带式分拣机的分拣效率一般为2 000～60 000件/小时，挡板式分拣机的分拣效率约5 000件/小时，根据分拣效率可以大致选出匹配的设备类型。例如，如果需要每小时分拣量达到10 000件，那么就比较适合选择交叉带式分拣机。

2. 分析货品形态、业务形态

选择分拣设备的另一个重要依据就是货品形态。不同企业制造的不同产品形状、大小不一，材质不一，因此包装形态也不一样。出库形态、拣货方式不一样，也会对包装形式有不同的要求。例如，服装、毛巾类产品是软材质的物品，不担心压折，那么包装以袋装为主，可以使用交叉带式分拣机。鞋、玻璃制品等对产品外形有非常高的要求，运输过程中也担心挤压，那么包装要以纸盒为主，属于包装规则商品，应尽量避免磨损，可以利用斜道轮式分拣设备。另外，还要考虑业务形态，结合CPB分析来判断货品的出库形态。B类业务主要以C和P为出库单元，而C类业务都涉及拆零分拣，基本以B为出库单元，分拣流程不一样，导致在分拣设备的选型和布局规划方面也有差异。

除了货品形态，还需要考虑货品如何供包。由于电子商务高速发展，每日处理百万件包裹的超大型分拣中心越来越多，以交叉带式分拣机为例，其以效率高、准确率高、破损率低等优势，逐渐代替传统的人工分拣。如何保证交叉带式分拣机的每一个小车单元都能够得到有效利用，主要取决于供包方式的选型及设计。

交叉带式分拣机的供包形式有三种：自动供包、人工半自动供包、人工供包。采用何种供包形式，主要依据包裹标签的朝向。人工供包不限制包裹标签朝向；人工半自动供包对前端来货包裹要求较低，可堆叠，无须单件分离，不限制包裹标签朝向；自动供包对前端来货包裹的要求较高，来货包裹的标签须朝指定方向（扫描器为顶扫时标签须朝上，五面扫描时标签不能朝下，目前已经有六面扫描设备）且来货包裹必须做单拣分离。

另外，选择分拣设备时，还要考虑分拣机的布局形式。分拣机按布局形式可分为直线型、环线型，按出口形式可分为水平推出式、重力跌落式、在线导出式。常见的分拣形式有翻板式、交叉带式、落袋式、滑块式、直线窄带式、导轮式、模组带式、窄带式、摆臂式、AGV式等。不同形式的分拣设备，其参数特性与应用场景也完全不同。因此，要综合考虑以上要素选择分拣机的类型。

表4-11所示为几种常见分拣机的对比，可以了解几种常见分拣机在分拣种类、分拣效率等方面的异同。

表4-11 几种常见分拣机的对比

机型	分拣种类	分拣效率	参数特性	优势	劣势	应用领域
交叉带式分拣机	信封、编织袋、包裹、纸箱、服装、图书等	20 000~60 000件/小时	环线型布局/直线型布局,可设置分拣格口数量多,物件规格适应性强,速度2~3m/s,效率15 000~30 000件/小时,单件最大50kg,多层分拣机效率最高可达到60 000件/小时	噪声低、分拣精准高效、布局灵活、运行平稳、性能稳定、节能减排、柔性化分拣	尺寸大、自重较大的货物不适应	电商、鞋服、快递、医药、烟草、机场、商超等
翻盘式分拣机	箱、盒、袋、信函、扁平、软包等	12 000件/小时,单件最大60kg	环形布局,可设置分拣格口数量多,物件规格适应性强,速度2~3m/s	可拓展性好,且可以根据需求分批投入	全人工供包,分拣尺寸受限	—
滑块式分拣机	厚纸箱、塑料箱、袋装物、辊轴类	12 000~24 000件/小时	直线型布局,可设置分拣格口的数量一般,物件规格适应性一般,单件最大10kg	可靠性高、处理物件规格范围大、分拣快速灵活	格口占地面积广、耗电量大、噪声大	食品饮料、医药、烟草、家电、机场
落袋式分拣机	服装、箱盒类、软包、扁平件、圆形、无包装、形状不固定的、不可输送的	12 500~25 000件/小时	环形布局,可设置的分拣格口数量多,物件规格适应性一般,单件最大10kg	无须占地滑槽、地面空间占地少	—	邮政、快递、电商、服装、珠宝、医药、零售等

3. 根据流量测算分拣道口

进行出入库流量的统计和预估测算后,根据流量来测算分拣道口。道口的数量要依据流量、场地空间等因素综合考虑确定。

4. 面积测算

面积的测算主要考虑仓储中心的实际场地面积与匹配业务需求的分拣设备的面积占比关系。应从整个仓储中心功能分区布局来判断是否能够容纳匹配的分拣设备,如果面积不是特别充足,可能需要考虑双层规划和建设。

四、任务实施

● 项目背景

服饰类产品有很强的潮流性、季节性,其品种繁多,式样变化快,因此,服饰类产品通常是按订单、批次生产，或小批量重复生产等。服装的特点在于 SKU 数量繁多、大小件不一、材质软硬度不一、季节属性鲜明，管理难度较大。对服装企业而言，仓储库存是无法避免的一个重要环节，服装企业的库存周期非常短，过季的产品必须尽快清出，库存积压会给企业造成很大的负担，仓储管理已成为现代服装企业生产经营中重要的一环。

　　JL 服装公司是国内一家大型的服装企业，随着企业的发展，企业服装的品牌知名度不断提升，企业仓储环节的弊端逐渐显露，通过与企业仓储管理人员沟通，总结出现存问题如下：

　　(1) 随着品牌知名度的提升，订单量的增加，仓储出库效率降低；

　　(2) 随着业务量的增大，对出库效率的要求提高了，增加了仓储作业人员，人员成本急剧提升但是效率并未得到显著的改善；

　　(3) 由于企业仓储中心存在 B 类和 C 类两种业务形态，对分拣时效和准确率要求极高，但是人工分拣总是存在误差，出错率较高，导致客户满意度下降。

　　基于以上问题，该企业计划进行整个仓储中心的升级，重新在现有基础上进行规划，包括增加与业务匹配的自动化设备。

　　随着业务发展，企业对仓储管理与订单的及时、精准化处理，也有了新的升级改造需求，此次升级的目标就是利用自动化分拣设备提升分拣效率，利用分拣设备解决 B 类、C 类业务的分拣和退货问题。结合客户需求，得出分拣设备规划的重点方向：第一，采用自动化设备，解决分拣需求；第二，为了节省资金预算，需要一套柔性较高，既可兼容服装产品，又可应用于鞋类产品的自动分拣设备；第三，规划方案需要满足 B2C、B2B、退货三种业务的需求。综合以上分析，进行规划方案的设计。

●规划过程

　　无论何种业务的仓储中心，基于何种诉求想要改造升级原有仓储中心，都需要以该企业仓储中心货品的特征以及出入库数据作为判断依据。因此，规划的第一步就是要对现有的历史数据进行分析。

1. 数据分析

　　由于该企业存在 B2B 和 B2C 两种业务形态，因此，需要分别对两种业务形态的数据做统计分析。

1) B2B 业务分析

　　根据企业给出的原始数据整理得出统计结果如表 4-12 所示。

表 4-12　JL 服装公司 2020 年 7—12 月历史数据

日期	动销SKU	零拣行数	零拣件数	单据数量	门店数量	整箱箱数	发货总件数	整箱件数
平均值	2 443	15 665	46 877	657	348	4 451	113 547	66 669

结合历史数据规划 2024 年的流量需求，规划零拣出库目标为 50 000 件/日，整件出库目标为 4 451 箱/日。日工作时间 8 小时，按照 2 个生产波次设计，每个波次动销的 SKU 按照当日 60% 的 SKU 设计。

该仓储中心整体业务数据分析统计结果如表 4-13 所示，可以看出，该仓储中心每日的动销 SKU 为 2 443 件 (动销是指每天都出货的 SKU)，零拣行数为 15 665，零拣件数为 46 877 件，单据数量为 657 个，对应的门店数量为 348 家，整箱箱数为 4 451 箱，发货总件数为 113 547 件，整箱件数为 66 669 件。

表 4-13　JL 服装公司仓储中心整体业务数据分析结果统计表

B2B 业务出库拟合特征值						
特征指标	动销SKU	零拣件数	作业波次	单波次门店	整箱箱数	平均装箱数
数值	2 500	50 000	2	174	4 451	14
B2B 业务设计特征值（一期）						
设计特征值	动销SKU	单波次分拣件数	分拣时间	点位设置	整箱出库数量	拆零折合箱数
数值	1 500	30 000	4	174	2 849	2 572

该仓储中心一天工作时长为 8 小时，出货波次为 2 个波次，平均 4 小时 1 次出货。单波次对应门店为 174 个门店。计划一期需求提升目标为 4 小时拆零分拣鞋服类合计 3 万件，单波次最少支持 174 家门店业务，拆零分拣量考虑 1.2 倍的峰值系数。

2) B2C 业务分析

该仓储中心还具有 B2C 的业务场景，通过数据整理可得 B2C 业务出库特征值如表 4-14 所示。B2C 每日的总出库件数为 6 000 件，单均件数为 1.5 件，一日的订单总数为 4 000 件，其中一单一件的占整个 B2C 业务出货订单的 90%，达到 3 600 件；一单多件的订单量为 400，件数为 2 400 件。一单多件订单是重点处理环节。

表 4-14　JL 服装公司 B2C 业务出库特征值

特征指标	总出库件数	单均件数	订单总数	一单一件占比	一单多件订单量	一单多件件数
数值	6 000	1.5	4 000	90%	400	2 400

3) 退货业务数据分析

JL 服装公司退货业务特征数据如表 4-15 所示。

表 4-15　JL 服装公司退货业务特征数据

特征指标	退货总量	服装占比	鞋类占比	单SKU件数	款/SKU占比	A品占比	B品占比
数值	13 000	60%	40%	9	1款/3SKU	15%	85%
设计特征值	退货总量	服装总量	鞋类数量	服装款数	鞋类款数	鞋类SKU	服装SKU
数值	13 000	7 800	5 200	289	193	867	579

通过退货业务数据可以发现，退货业务的总量并不大，重点是解决鞋类、服装类的大批量 SKU 数。同时，通过数据分析得出 A 品退货占比 15%，B 品退货占比 85%。

根据整体业务流量的分析，再结合客户需求、业务特征来估算设备的需求量。

2. 物料形态及需求分析

该企业是服装生产企业，仓储中心主要的出入库形态是袋装和盒装，服装类商品用软袋作为基础容器，鞋类商品主要用鞋盒作为基础容器单元，如图 4-61 所示。服装类商品分拣时可实现自动落袋，人工简单整理即可，因此服装类商品在分拣过程中可实现自动分拣，自动落袋；鞋类商品在分拣中可实现自动落袋，但对装箱量影响很大，人工整理工作量可能会大于人工装箱。鞋类在分拣中需要自动分拣，人工装箱。

图 4-61　JL 服装公司服装类和鞋类商品包装

物料需求及设计思路如表 4-16 所示。

表 4-16　物料需求及设计思路

需求	设计思路
B2B 和 B2C 业务同时混合作业	B2B 业务：分波次作业，以门店订单为依据设置点位，自动封箱、贴标、发运。 B2C 业务：与 B2B 业务同时作业，分拣区分一单一件和一单多件类型，进行二次打包分拣

续表

需求	设计思路
服装类和鞋类商品分开作业	由于服装类和鞋类商品的落袋差异性,两类商品分开作业,设置不同的分拣类型
闲时退货	退货业务由于类型较杂,采取闲时退货方式,与常规业务共用设备,充分利用设备。 采取先分到款,上架时细分,解决分拣点位不足问题

3. 依据流量及特征选择分拣设备

根据历史数据,B2B拆零业务及B2C业务按照1.2倍的峰值测算,预留2小时集中退货业务,正常发货业务按照6小时计算。规划整箱出库以950箱/小时测算。服装类拆零出库10 000件/小时,单波次3小时连续作业,自动封箱、打包;鞋类B2C业务6小时连续作业,按照1 000件/小时测算,每小时人工打包667箱(C)/小时;退货业务以6 500件/小时的处理能力测算。

根据图4-62所示仓储流量流向的分析可以看出,对于分拣设备的基本需求是一期分拣量是11 000件/小时,根据需求需要满足174个客户的分拣,因此规划服装类、鞋类商品各200个道口。结合流量需求和产品特性,可选用交叉带式分拣机和翻盘式分拣机两种分拣设备。

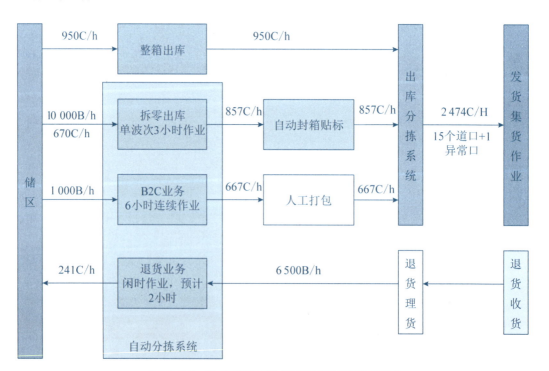

图4-62 JL服装公司仓储流量流向规划示意图

交叉带式分拣机主要可以分拣信封、编织袋、包裹、纸箱、服装、图书等，主要应用于电商、鞋服、快递、医药、烟草、机场等，如图4-63所示。分拣效率可以达到20 000～60 000件/小时，而且可以充分利用空间进行双层建设。优点是噪声低、分拣精准率高、布局灵活、运行平稳、性能稳定、节能减排、柔性化高。结合以上交叉带式分拣机的特点，此设备在该项目中应用的优势主要是效率较高，鞋类商品可自动供包，可多车完成较大尺寸商品分拣，劣势是投资较高。

翻盘式分拣机的特点是拓展性好，且可以根据需求分批投入，对企业来说性价比较高，劣势是全人工供包，分拣尺寸因设备体积而受限，如图4-64所示。在此项目中，翻盘式分拣机可应用于鞋类商品的供包和分拣。因此，本项目选择翻盘式分拣机与交叉带式分拣机配合使用。

图4-63 交叉带式分拣机

图4-64 翻盘式分拣机

完成打包后，进入出库分拣系统，选择分拣系统除了满足当前业务需求之外，还要能够满足未来需求。在此项目中，还选择了直线滑块式分拣机。滑块式分拣机是目前物流系统中较常用的设备之一，具有处理物件规格范围大（最长可达1 200mm）、分拣效率高等特点，一般为5 000～10 000件/小时，适合分拣规格尺寸变化较大、包装相对规范的物件，常用于快件、医药、图书、烟草、百货等行业。滑块式分拣机在此项目中主要应用于二次分拨，二次分拨主要是按照订单进行商品拣选后，在出库前再根据配送线路进行的分拣，将同一线路的订单进行分拣归类，按线路分拣后出库。

4. 流程及布局规划

分拣设备的布局也要结合出库作业流程来整体设计，此项目中的出库形态包括整箱拣货出库、拆零汇总拣货、B2C汇总拣货。供包到分拣机后，按照订单分拣打包也有多种形式，包括按门店分拣人工装箱、B2C一单一件订单分拣、B2C一单多件订单分拣打包、按门店分拣自动落袋。一单一件的订单按照人工复核打包一体化的作业形式直接完成复核打包，一单多件的订单按照人工播种分拣法拣货后再按订单分拣后打包。整箱直接拣货出库的订单自动贴标后出库，分拣流程如图4-65所示。

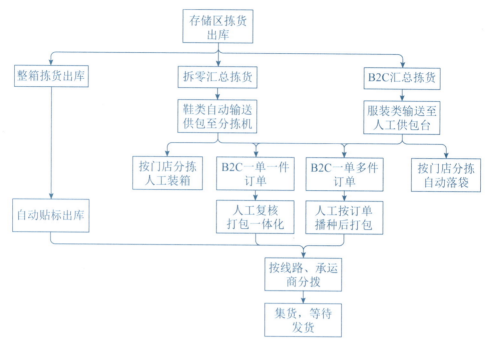

图 4-65 JL 服装公司仓储中心分拣流程示意图

最终确定的设备清单如表 4-17 所示。

表 4-17 最终确定的设备清单

设备系统名称	设备概述
交叉带式分拣机	环线型交叉带式分拣机，主线长度 312m，2 个逻辑区，配备落袋滑槽 200 个，直滑槽 200 个，配备鞋类商品自动供包台 3 个，人工供包台 1 个。服装类商品人工供包台 4 个，双工位人工供包
滑块式分拣机	滑块式分拣机，满足箱式货物按线路自动分拨，效率为 6 000 箱/小时
箱式输送系统	箱式输送辊筒输送机，满足 600mm × 400mm × 350mm 标准周转箱输送，配套相应顶升移载机、分合流机等设备，按需配备自动封箱贴标机等设备

该项目仓储中心布局规划如图 4-66 所示。

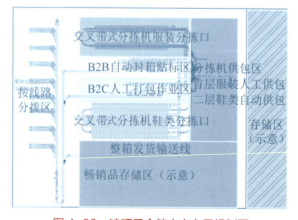

图 4-66 该项目仓储中心布局规划图

通过布局规划图可以看出，货品从场地东面存储区拣货后，就进行分拣机供包区，进入首层服装人工供包，鞋类商品进入二层鞋类区域自动供包，自动供包后进入相应业务的分拣口，分拣后，B2B业务进入自动封箱贴标区，B2C业务进入人工打包作业区进行打包。另外，在仓储中心最南侧规划出畅销品存储区，畅销品是出库率非常高的商品，畅销品在其所在存储区拣货后直接进入整箱发货输送线，快速出库发货减少在仓内的流程，以提高畅销品的出库时效。

通过此服装公司项目的分拣设备规划案例可以看出，分拣设备最重要的选择依据就是行业货品特点。在此原则之下，考虑客户预算、场地布局、柔性化要求，以及仓内整体的业务流程，来进行布局设计。

五、任务总结

本任务主要对分拣设备的类型、应用场景进行了描述，并对分拣设备的选型过程进行了分析。分拣设备的选择主要综合考虑仓储中心的出入库量、场地空间的大小、业务形态、客户数量。

在项目规划中，规划人员首先对客户的仓储需求进行详细的分析，除此之外，还要对当前在不同场景下应用的自动化分拣设备的性能、特点及参数等有深入了解。根据客户的需求、业务形态等匹配适用的分拣设备，并且尽可能地提高设备柔性，来进行分拣设备的规划。明确选定分拣设备后，估算道口并进行布局和面积的测算。实际项目中，还要结合其他设备的规划内容来统筹设计。

 读书笔记

参 考 文 献

[1] 刘云霞. 仓储规划与管理 [M]. 北京：北京交通大学出版社，清华大学出版社，2013.

[2] 孔继利. 物流配送中心规划与设计 [M]. 北京：北京大学出版社，2019.

[3] 金跃跃. 现代化智能物流装备与技术 [M]. 北京：化学工业出版社，2019.

[4] 唐少麟. 物流方案设计 [M]. 北京：机械工业出版社，2020.

[5] 夏山峰. 电商物流密集仓储库房布局规划与主要装备设计研究 [D]. 济南：齐鲁工业大学，2015.

[6] 车小原，金吕. 摘果式与播种式的比较 [J]. 物流技术与应用，2000(8).

[7] 左娴. 电商快销仓拣选区货位分配问题研究 [D]. 西安：长安大学，2019.

[8] 冯向阳. J 公司新仓库规划与布局研究 [D]. 上海：华东理工大学，2015.

课程资源申请表

"智能物流仓储规划"课程是高等职业院校物流服务与管理专业、物流工程专业的核心课程,是从事物流管理类、物流规划类岗位的必修课程。本课程依据物流行业仓储规划类岗位中实际仓储规划工作流程和规划工作内容进行了梳理并进行了教学课程设计转化,形成了体系化的物流仓储规划课程内容。学习物流其他专业基础课程和专业核心课程之后,通过本课程的学习,能够在更高的视角全面地学习物流仓储规划的工作内容和工作方法,并通过真实项目案例的学习来达到理论与实践的结合,掌握从事物流管理类、物流规划类相关工作的职业能力,为就业和职业发展奠定基础。

可填写下表申请京东数字化教学平台在线课程的相关资源。

姓名		职务	
大学/学院		系/科	
学校邮箱		是否为双高院校	
手机		通信地址	
学生人数		学期起止日期时间	
学院/系/科教学负责人电话/邮件/研究方向: (请在此处标明学院/系/科教学负责人电话/邮件并加盖公章)			
教材购买由 我☐ 我作为委员会的成员☐ 其他人☐(姓名:)决定。			

本课程资源申请邮箱: liguodong65@jd.com

联系电话:18702912134